LA RÉVOLUTION QUOTIDIENNE

Je dédie ce livre à mon cher Quentin
et à toutes celles et ceux qui, comme lui,
œuvrent pour le changement du monde,
pour le rendre meilleur, plus naturel et plus humain.
Merci à eux tous.

RÉGINE QUÉVA

LA RÉVOLUTION QUOTIDIENNE

LAROUSSE

« Si l’argent ne fait pas le bonheur, rendez-le ! »
Jules Renard

Nous n'avons plus le temps d'attendre, plus le temps de parler, de chipoter, de se poser des questions, de tergiverser. Nous n'avons plus le temps, l'urgence est là. Comment faire ? Les solutions sont simples, économiques, écologiques, à la portée de tou-te-s. Le monde changera par nos actions silencieuses et ce sera une révolution quotidienne.

Oui il est temps, il est temps car il y a urgence. Urgence de protéger la Terre, les animaux, les plantes, urgence de protéger les enfants et de nous protéger nous-mêmes, femmes et hommes. Urgence d'être heureu-x-se enfin, de trouver le bonheur et surtout de le garder au fond de nos cœurs et de le partager. Dans ces temps où l'égo compte plus que tout, où les affaires vont bon train, à l'heure de l'argent-roi et du matérialisme ambiant, il est grand temps. Le monde s'écroule, la Terre flambe : nous ne devons pas regarder l'incendie sans penser à l'éteindre. Il n'est plus temps de se comporter comme des invités, comme des enfants gâtés qui se lèvent de table sans débarrasser, en laissant derrière eux la désolation et le chaos. Nous jouons aux apprentis sorciers avec le nucléaire, outil maudit, dont s'est moqué Franquin, dans son album *Idées noires* mettant en images cruellement la communication du nucléaire : « Plus c'est grave, moins l'information circule. » Nous sommes assis sur une bombe qui risque d'exploser à chaque instant[1] et nous sommes arrivés au point critique, décrit par un politologue américain « lorsque les quantités disponibles de ressources et d'énergie ne permettent plus de maintenir de tels niveaux de complexité, la civilisation commence à se consumer en empruntant au futur et en se nourrissant du passé, préparant ainsi la voie à une nouvelle implosion[2]. » Au fil des décennies, tout s'est dégradé et nous sommes désormais passés de l'autre côté sans même nous en rendre compte : « Rien ne change instantanément. Dans une baignoire qui se réchaufferait progressivement, on mourrait bouilli avant de s'en rendre compte[3]. » Et pourtant nous avons en nous une richesse, une force, un pouvoir qu'il est temps de réveiller : c'est le pouvoir au creux de nos mains. Chacun-e d'entre nous peut changer les choses, à sa manière, chez soi, en commençant par soi.

---

[1] *Pour les sceptiques, écoutez France Culture, LSD, La série documentaire,* À l'ombre des centrales nucléaires, *une série de quatre émissions édifiantes qui achèvent de nous effrayer.*

[2] *William Ophuls, in* Comment tout peut s'effondrer, petit manuel de collapsologie à l'usage des générations présentes, *Pablo Servigne, Raphaël Stevens, Seuil, 2015.*

[3] *Margaret Atwood,* La Servante écarlate, *Robert Laffont, 2017.*

D'ACCORD, MAIS COMMENT FAIT-ON CONCRÈTEMENT ?

Concrètement, il y a plein de petits gestes quotidiens, des actes qui peuvent vraiment tout changer. Des actes gratuits ou presque, des comportements qui vont révolutionner notre vie quotidienne, celle des autres et la planète entière si nous nous y mettons toutes et tous. Des gestes où notre petit moi laisse place aux autres, où notre orgueil et nos préjugés sont abandonnés comme des oripeaux, souvenirs anciens d'une vie démodée. Seuls des actes peuvent changer le monde et ces actes passent par nous.

CHANGER LE MONDE, RIEN QUE ÇA ? TU NE TROUVES PAS QUE TU EXAGÈRES UN PEU ?

Non, pas du tout. Le changement commence par nous, par ce que nous faisons, par chacun de nos actes. Quand nous décidons de faire notre propre lessive ou notre dentifrice, avec des produits naturels, nous faisons bien plus que des produits. Nous œuvrons vers le changement du monde et nous ouvrons la porte, la grille devrais-je dire, derrière laquelle nous sommes enfermé-e-s. Nous devenons plus libres, un peu comme Rosa Parks qui, en 1955, en Alabama, a refusé de se lever pour céder sa place à un Blanc.

Rosa Parks

Le 1er décembre 1955, une femme noire de 42 ans, lassée d'obéir à des lois stupides, racistes et injustes, refuse de laisser sa place à un Blanc dans un bus de Montgomery (Alabama, États-Unis). Avant elle, d'autres Noir-e-s avaient protesté physiquement contre la ségrégation qui sévissait depuis toujours à leur encontre. Arrêtée et inculpée, Mme Parks contacte un avocat d'une organisation américaine de défense des droits civiques (NAACP) qui, aidé d'un confrère blanc, conteste officiellement les lois indignes. Le mouvement des droits civiques naît alors, présidé par un jeune pasteur : Martin Luther King.

GAGNONS LIBERTÉ...

NOTRE

En faisant cela, Rosa Parks s'est battue pour sa liberté et ce geste a déclenché le mouvement des droits civiques. Rien que ça ! Il est temps que nous fassions comme elle et que nous déclenchions notre mouvement : notre révolution quotidienne.

MAIS POURQUOI ?

Parce que nous devons retrouver notre liberté, liberté de faire, de ne pas faire, de manger ce qu'on veut, d'acheter ce qu'on veut, la liberté de refuser ce qu'on veut. On pense être libre mais on ne l'est pas, nous sommes les produits d'une publicité effrénée vers la consommation à outrance, nous sommes les enfants de la chimie de synthèse qui pollue la terre, la mer et l'air, nous sommes du « temps de cerveau disponible[1] ». Il est temps d'ouvrir les portes de nos prisons mentales. Aujourd'hui, des enfants naissent sans main, sans bras à cause des polluants, des pesticides et de je-ne-sais-quoi encore. Il est temps d'agir chez soi tous les jours.

Comment éviter de nombreux polluants ?

Facile : un geste suffit, aérer la maison pendant 10 minutes tous les jours, même en hiver.
Dans nos maisons, nous respirons des gaz cancérigènes (dérivés du formol...) présents jusqu'à 50 fois plus qu'à l'extérieur. Émis par le mobilier, ils provoquent irritations, allergies et favorisent, à long terme, cancers et leucémies. On en

[1] *Expression formulée en 2004 par Patrick Le Lay, président-directeur général du groupe TF1 à propos de la publicité à la télévision.*

ajoute en utilisant des polluants présents dans les produits d'entretien, les parfums d'ambiance, les désodorisants...
Donnons-nous de l'oxygène !

MAIS TOUT ÇA, CE NE SONT QUE DES GOUTTES D'EAU...

Pas du tout, la vie domestique est un pilier pour le changement planétaire. Imaginez que tout le monde fasse ses produits d'entretien, ses cosmétiques, imaginez qu'on réduise considérablement notre consommation de viande, que l'on mange moins et mieux, que l'on consomme moins et mieux. Les impacts seraient importants : moins de toxicité, moins de rejets polluants, moins de souffrance animale, moins de maladies, moins de souffrance tout court. Un vent nouveau soufflerait, emportant avec lui les débris d'une vie de dilapidation inconsciente, de gaspillages en tous sens. Les conséquences seraient énormes. Les grandes surfaces seraient bien obligées de tenir compte de nos nouveaux comportements, comme elles le font déjà avec la vague bio et la vague végan. Derrière les marques, les produits et les enseignes se trouvent toujours des femmes et des hommes qui font le choix de l'argent au détriment des gens, ce sont aussi des actionnaires qui poussent vers le « toujours plus » avec toujours moins de qualité et toujours plus de dangers pour tous, sauf peut-être pour eux.

Petites courses & petites surfaces

Depuis quelques années, nous sommes de plus en plus nombreu-x-ses à nous rendre dans des petites surfaces : moins de temps gâché, moins d'essence, moins de sollicitations. Le modèle de l'hyperconsommation s'essouffle enfin[1], les hypermarchés vont devoir s'adapter[2]. Une mutation est en cours, aidons-la à voir le jour. Valorisons les magasins de centre-ville, faisons revivre les cœurs des villes et des villages qui ont été transplantés dans des zones commerciales laides et uniformes. Pour consommer moins et mieux : faites une liste de courses, partez avec et tenez-vous-en à vos besoins et non (ou moins) à vos envies. Testez une organisation où vous irez faire des achats le moins souvent possible et prenez un ou des paniers si vous le pouvez. Les achats s'arrêtent quand les paniers sont remplis.

---

[1] *Selon une enquête menée par l'observatoire société et consommation en 2018, 61 % des Français considèrent les courses comme une corvée.*

[2] *https://www.publicsenat.fr/article/politique/pourquoi-les-francais-commencent-a-bouder-les-hypermarches-82257*

TU NE TROUVES PAS QUE C'EST UN PEU UTOPIQUE ?

Peut-être, mais l'utopie c'est beau. Le monde a besoin d'utopistes et d'idéalistes pour avancer, pour modifier et transformer le monde vers plus d'humanité. À l'autre bout des rêves, il y a toujours eu et il y aura toujours des personnes qui refusent le changement. Ils portent un nom : ce sont des conservateurs. Leur souhait : que le monde reste le même parce qu'ils y ont un intérêt. Ce monde leur convient très bien. Ils aiment tant la conservation qu'ils finissent en boîtes. Leurs idées sont arrêtées, ils finissent arrêtés par leurs idées. Ne perdons pas de temps avec eux. Les paroles, les débats et les discussions ne servent plus à rien. Que sont les pavés de 68 devenus ? Ils étincellent dans la cour du Louvre et reflètent les idéaux piétinés.

On juge un arbre à ses fruits et une personne à ses actes. Une sagesse populaire coupe le monde en deux : les causeux et les faiseux.

LES CAUSEUX ET LES FAISEUX ?

On connaît les causeux. Ils gesticulent en inventant « le vivre ensemble » : expression fabriquée pour décrire ce qui n'existe plus, « vivre ensemble » mais ensemble entre soi, entre soi côté bourgeois, entre soi côté « petit peuple », entre soi des ghettos, des ghettos quels qu'ils soient pourvu que ce soit entre soi. Les causeux parlent bien, ils parlent haut, ils parlent fort. Les trilles des rossignols sont plus agréables à l'oreille. Les causeux écrivent des essais, des ouvrages sur la colère populaire qu'ils ne connaissent que de nom. Les causeux s'arrogent même le droit de parler en notre nom, au nom des ouvriers, des enfants d'ouvriers et des gens « de peu » qui vivent de plaisirs simples. Eux, les causeux qui ne connaîtront jamais le plaisir d'un pique-nique près d'un canal et d'un barbecue au fond du jardin. Que connaissent-ils du monde qu'ils tentent de décrire ? Ont-ils connu la misère des fins de mois les biens-nés ? Les périodes trop longues où 5 euros est une fortune ? Ont-ils un jour baissé la tête devant l'assistante sociale, devant l'administration ? Ont-ils reculé un jour devant le prix des choses ? Souffrent-ils devant la charge du travail ? Peuvent-ils écrire cette vie dure, qui d'année en année régresse, qui se heurte aux voix des machines, aux touches sur lesquelles on appuie en pestant ? Connaissent-ils les agents qui réclament encore et encore des papiers, des preuves de bonne foi, aux regards suspicieux et complices d'un système répressif et de plus en plus totalitaire ? Connaissent-ils les lenteurs des téléchargements, la ligne téléphonique qui grésille et le

réseau qui saute quand bon lui chante, les kilomètres parcourus pour un rendez-vous lointain et les mois, voire les années à attendre pour la vue, les dents ou même la santé ? Vivent-ils toutes ces humiliations quotidiennes qui nous éloignent des métropoles si bien servies, si bien desservies ? Peuvent-ils porter notre parole les essayistes parisiens, les chroniqueurs qui se croient télégéniques, les noms déjà froissés dans les urnes ?
Les causeux intriguent dans les sphères de pouvoir. Politiques, philosophes ou penseurs, ils s'échinent à nous expliquer que le monde change, que l'on doit s'adapter. Mais eux ne changent pas. Et pourtant combien en a-t-on entendus prononcer cette phrase « j'ai changé » et qu'a-t-on vu ? Les mêmes phrases et discours, le même vent qui passe, les mêmes marchands de sable. Ce n'est pas la girouette qui bouge, c'est le vent qui tourne. Et ça marche, on oublie. Nous sommes frappés d'amnésie, on oublie et on vote. Évadées leurs erreurs et leurs fautes, évaporées leurs promesses et même leur condamnation. Rien ne change et rien n'a changé. La Fontaine l'avait déjà dit : « Selon que vous serez puissant ou misérable, Les jugements de cour vous rendront blanc ou noir. » Voilà pourquoi c'est à nous de faire. Cessons de consommer des produits toxiques, cessons de placer dans les chariots à roulettes des produits dont on peut se passer, ceux que l'on peut fabriquer. Et le monde changera. On nous demande la mobilité, on nous demande de bouger, de nous adapter, de changer de métier, d'accepter d'être moins payé. Répondons : « À chacun son changement, changez vous aussi, vivez ce que vous nous demandez de vivre. » Restriction bien ordonnée commence par soi-même. C'est nous – et surtout pas nos élu-e-s de tout poil et de tout bord, ni les princes d'ici-bas – qui agirons vraiment.

Le vrac a du bon

Le meilleur déchet est celui qu'on ne produit pas. Acheter en vrac permet de réduire les emballages, les suremballages, les paquets cartonnés, le plastique... bref tout ce qui doit ensuite être recyclé. Pratiquement un Français sur deux a acheté au moins une fois en vrac un produit alimentaire en 2018[1], continuons et suggérons aux magasins d'étoffer leur offre de vrac. Des magasins où on ne trouve que du vrac ouvrent leurs portes un peu partout.

[1] *Étude du CREDOC réalisée en mai 2018.*

TU EXAGÈRES, POURQUOI NE FERAIENT-ILS PAS CHANGER LE MONDE ?

Tout simplement parce qu'ils n'ont aucun intérêt à le faire. Platon le disait déjà : Quiconque gouverne ne fait-il pas des lois à son avantage ? En règle générale, un ou une élue ne pense qu'à une seule chose : être de nouveau élue. La place est bonne. Pour eux, une seule méthode : ne pas fâcher, ne pas faire de vague, de pas prendre de décision qui fâche. Sinon, couic. Aux prochaines élections, ils perdent leur siège et leurs privilèges. Or leur siège est confortable, même très confortable. Qui aurait envie de perdre ses privilèges, ses avantages matériels, ses rémunérations et surtout son pouvoir ?
Les privilégié-e-s de la République l'avouent eux-mêmes dans un livre ahurissant « Nous n'abandonnerons jamais nos privilèges, à moins qu'on ne nous colle une balle dans la nuque... »[1]. Plus forte que la violence, l'action silencieuse l'emportera. Le temps de la plainte est fini, ne soyons pas des causeux mais des faiseux. Le monde changera par nous, par des gestes silencieux. Il nous faut notre *Printemps silencieux*[2] qui durera plus d'un printemps. Et pour ça, nous devons découvrir des produits nouveaux, comme celui-ci.

Écologique, à la portée de tou-te-s, facile à se procurer...

L'huile de coude. Il faut s'en souvenir pour l'utiliser, se souvenir d'un temps où les machines étaient actionnées par des ouvriers, des forgerons comme Goujet, l'ouvrier noble et vertueux décrit par Émile Zola, dans *L'Assommoir.* L'écrivain s'attarde sur les machines de la forge que Gervaise, la blanchisseuse, et son fils Étienne visitent : « les cisailles mécaniques, les machines à boulons, les ébarbeuses, les taraudeuses avec le tic-tac de leurs rouages d'acier luisant sous la graisse des huiles » et il crée plus loin cette expression ouvrière passée à la postérité qu'il met dans la bouche de Lantier : « Plus on met de l'huile de coude, plus ça reluit. » Avec Zola, utiliser de l'huile de coude, c'est rendre hommage à un monde ouvrier méprisé.

L'HUILE DE COUDE ?

Le changement commence par nous, par nos pratiques, nos actions : en faisant nous-mêmes les choses, nous changeons aussi notre mental,

[1] *Yvan Stefanovitch,* Aux frais de la princesse : enquête sur les privilégiés de la République, *JC Lattes, 2007. Découvrez aussi Vincent Jauvert,* Les Intouchables d'État, *J'ai Lu, 2019.*

[2] Printemps silencieux *de Rachel Carson, un des premiers livres éclairés sur l'écologie (1963).*

notre façon de concevoir le monde et d'agir dessus. Nous devenons acteurs de notre vie. Moins de produits, c'est moins d'emballages, c'est moins de déchets, c'est la chaîne de production qui se raccourcit, c'est le local qui l'emporte sur le mondial.

D'ACCORD, ON COMMENCE PAR QUOI ?

Par exemple, par faire sa lessive.

FAIRE SA LESSIVE, MAIS C'EST COMPLIQUÉ !

Pas du tout. Nous avons tous le même réflexe au départ : râler, refuser. Au tréfonds de nous-mêmes, c'est notre envie de magie qui nous pousse à ronchonner, notre envie que tout se fasse tout seul. Nous souhaitons que les choses changent mais sans rien faire : un inconnu vous offre des fleurs. La passivité exacerbée, sublimée et poétisée par une publicité des années 1980. Aucun prétexte ne doit nous empêcher d'avancer. Nous devons nous retrousser les manches et agir en souriant, en pensant aux grenades fruitées que nous dégoupillons déjà ici où là. Revenons à nos moutons… de ménage. Faire sa lessive ou quelques produits quotidiens ne prend que quelques minutes par semaine. Pas plus. Autant, souvent moins, qu'une mayonnaise maison. Combien de temps perd-on à se rendre dans une grande surface, à se garer, à prendre un engin à roulette, à déambuler dans les rayons envahis d'odeurs chimiques mélangées, à choisir et placer les objets dans le chariot, à attendre à la caisse que papy, mamie, les enfants et tout le monde veuillent bien terminer, à déposer nos courses sur le tapis roulant…

Faites votre lessive !

Pour 1 litre de lessive, faites chauffer 1 litre d'eau. Pendant ce temps, râpez 2 cuillerées à soupe de savon de Marseille (72 % de matière végétale) ou déposez directement des paillettes dans un récipient. Ajoutez l'eau bouillante. Attendez le complet refroidissement pour verser 1 cuillerée à soupe rase de bicarbonate de soude. Si l'eau est encore chaude (supérieure à 60 °C), tout débordera, vous voilà prévenu-e. Personnellement, j'ajoute une pincée d'argile (terre dégraissante, qui capte virus et bactéries) et un trait de vinaigre d'alcool, depuis que les résultats du test en laboratoire ont montré une efficacité supérieure de la lessive avec un peu de vinaigre. Pour le parfum et pour se faire plaisir, on peut ajouter 2 gouttes d'huile essentielle de son choix. Faire la lessive n'est ni valorisé, ni valorisant (cela se saurait) : il faut compenser avec des petits plaisirs olfactifs.

BON, ÇA VA, J'AI COMPRIS. MAIS CES PRODUITS MAISON, EST-CE QU'ILS MARCHENT VRAIMENT ?

Bien sûr, ils sont efficaces et sentent bon. Certains ont même été testés en laboratoire[1] et ça nettoie très bien. Avec seulement quelques ingrédients – contrairement aux produits usuels qui en nécessitent beaucoup –, on devient autonome et donc libre. Savez-vous combien d'ingrédients différents y a-t-il dans une lessive classique ?

NON. COMBIEN ?

Devinez un peu.

JE NE SAIS PAS MOI, DIX, DOUZE... ?

En moyenne vingt-sept. Et dans les vingt-sept, il y a des enzymes OGM.

COMMENT ÇA DES ENZYMES OGM ?

Parfaitement. Certaines bactéries ont été modifiées pour plus d'efficacité. Que deviennent-elles dans les océans où elles terminent leur course ? Avec quelles autres molécules s'associent-elles ? Savez-vous que l'on retrouve les traces de nos cosmétiques dans le gras des cachalots jusqu'à cinq mille kilomètres des côtes ? Les microbilles de plastique, inventions faustiennes présentes dans de nombreux cosmétiques, polluent désormais tous les océans. Qu'avons-nous fait à nos dauphins, à nos baleines, symboles de la puissance animale pacifique ? Mais revenons à notre lessive... Avec quatre ou cinq ingrédients naturels seulement, une lessive naturelle prouve le superflu des autres produits.

D'ACCORD, MAIS QUE SONT LES AUTRES COMPOSANTS ?

Des agents odorants de synthèse, des surfactants, des agents blanchissants, des agents moussants et... des antimoussants.

Pourvu que ça mousse !

Pour évacuer la mousse dans un bac de douche ou dans un évier, il faut de nombreux litres d'eau. Moins de mousse = moins d'eau consommée inutilement. Évitez les produits moussants et réduisez la quantité de savon liquide ou de shampoing utilisée. Enfin sachez qu'un lave-linge continue de rincer tant qu'il détecte de la mousse...

---

1. *Voir de la même auteure,* Fabriquer sa lessive, son dentifrice, son shampoing... *p. 121, Larousse, 2018.*

DES ANTIMOUSSANTS ? AH BON, ET POURQUOI ?
La mousse occupe trop de volume qu'il faut évacuer. Il est donc indispensable pour les machines à laver d'ajouter de l'antimoussant dans la lessive.

MAIS POURQUOI NE MET-ON PAS MOINS D'AGENT MOUSSANT, TOUT SIMPLEMENT ?
Mais c'est à cause de nous.

COMMENT ÇA « C'EST À CAUSE DE NOUS » ?
Et oui, en Occident, nous aimons la mousse, il faut que ça mousse, tout le temps. Shampoing, lessive, produits douche et même dentifrice, un comble ! Pourtant, la mousse, ça ne lave pas. Je répète, la mousse, ça ne lave pas. Depuis les années 1960 environ, nous avons été abreuvé-e-s de publicités vantant l'opulence de la mousse devenue soudainement indispensable. Vous souvenez-vous d'une actrice qui vantait une marque de lessive pour la laine, heureuse et souriante dans un bain de mousse ? Double peine, au passage, pour nous les consommateurs qui aidons ainsi les stars à payer leurs impôts. Dans les yeux d'un enfant privé de baignoire, ces images représentaient le symbole d'une richesse chic et folle. Mais de quoi la mousse est-elle le symbole ? La mousse, ce n'est jamais que de la graisse avec de l'air dedans. Notre société aime l'air avec de la graisse autour. Ça ne vous rappelle rien ? Vous voulez des noms ?

Continuons encore un peu avec les cosmétiques et les produits ménagers qui sont nos soins quotidiens. Vous achetez 80 % d'eau et seulement 5 % du prix est consacré au principe actif.

CE QUI VEUT DIRE QUE 95 % DU PRIX C'EST AUTRE CHOSE ?
Oui, emballage, marketing, publicité, produits ajoutés, etc. Parfois, évidemment, cela se justifie, pour les crèmes solaires par exemple, mais pas toujours. De quoi a-t-on besoin pour se laver ? De savon, c'est-à-dire un détergeant, c'est à peu près tout.

CONCLUSION, ON PEUT JUSTE SE LAVER AVEC DU SAVON, C'EST ÇA ?
Oui et même se raser. Ça marche très bien, à condition de choisir un savon à 72 % minimum de graisses végétales. Devenons des

consommateurs éclairés, exigeants et critiques. Lisons les étiquettes. Ne prenez que des savons qui présentent cette garantie. Les pièges sont nombreux, les arguments destinés à nous endormir. « 98 % de biodégradabilité » ne veut rien dire, « approuvé par des dermatologues » non plus.
Retournez le paquet, prenez une loupe et lisez les textes. Si vous voyez : savon supérieur à 30 %, reposez le paquet et changez de crèmerie. Ce supermarché est une supercherie.

30 %, MAIS ALORS C'EST QUOI LE RESTE ?

Voilà la question qui fâche. Pour laver, on a besoin de graisse, acides gras si vous préférez. Si ce n'est pas végétal alors…

… C'EST ANIMAL ?

C'est ça, bravo. La graisse contenue dans ces types de savons provient de bœufs (c'est-à-dire de vaches, là encore le masculin l'emporte) et de cochons. Évidemment, pas des porcs élevés avec respect, sur paille par un éleveur bio. Ce sont des animaux d'élevage abreuvés (au sens propre d'ailleurs) d'antibiotiques qui demeurent dans les cellules adipeuses, le gras si vous préférez. Ces molécules chimiques sont donc présentes dans nos savons liquides et même dans nos lessives naturelles si on achète ce type de savons. Le cycle se termine dans les stations d'épuration qui grouillent de molécules affreuses, pour plonger… elles aussi dans l'océan. Elle n'est pas belle la vie ?

Et l'huile de palme dans tout ça ?

Hope, une femelle orang-outan de 30 ans a été sauvée *in extremis* par les vétérinaires de Sumatra, en Indonésie, après avoir été criblée de plus de 74 projectiles, blessée par des armes tranchantes et la clavicule cassée. Son bébé d'un mois a eu moins de chance. Chaque jour, 25 primates meurent dans l'une des deux îles de Sumatra et de Bornéo, chassés de leur habitat (comme les éléphants et les rhinocéros) destiné à être remplacé par des plantations de palmiers à huile.
Présente en grande surface dans un produit sur deux (barres chocolatées, shampoing, mais aussi savon de Marseille 72 % de graisses végétales) et dans un tiers du biodiesel, l'huile de palme produit des émissions de gaz à effet de serre, des incendies de forêts et leur destruction. Aucune certification actuelle ne permet de garantir la protection des forêts, ni des animaux. Le logo zéro déforestation ne porte que sur les forêts primaires, pas les autres, ni sur les

tourbières. La certification la plus élevée RSPO[1] impacte les forêts secondaires et les tourbières. Malgré des efforts récents (création de RSPO NEXT plus respectueux), la traçabilité de l'huile se perd dans les méandres du capitalisme et de l'envie toujours plus importante de gains et de croissance[2].
Que faire concrètement ? Boycotter les plats transformés et le biodiesel à la pompe tant que les certifications ne seront pas plus vertueuses. Rappelons-nous une fois de plus que consommation rime le plus souvent avec pollution. L'avenir de la planète se joue avec une consommation réduite. Un logo quel qu'il soit ne doit pas nous inciter à consommer plus mais à consommer moins et mieux.

MAIS ALORS, IL FAUT TOUT LIRE ET TOUT REGARDER AVANT D'ACHETER ?

Bonne conclusion. Tout lire, tout regarder et surtout ce qu'on ne nous montre pas. Écologie bien ordonnée commence par soi-même. Nous devons changer nos mentalités et lutter contre des idées reçues tenaces et toxiques qui nous empêchent d'avancer.

Des chiffres et des pays

Inutile d'être équipé-e d'un téléphone portable pour trouver l'origine d'un produit. Ouvrez les yeux et regardez les trois premiers chiffres présents sous le code-barres. Pour acheter local, prenez un produit dont le code-barres est compris entre 300 et 379, il provient de France. Après c'est Bulgarie, Slovénie, Croatie, Bosnie-Herzégovine. De 000 à 139, le produit vient des États-Unis, de 400 à 440 d'Allemagne... Les code-barres des produits chinois sont compris entre 690 et 699 avec 471 pour Taïwan et 489 pour Hong Kong. À vos lunettes pour réduire les trajets des produits.

LESQUELLES PAR EXEMPLE ?

L'eau de Javel. À notre tour de plaider « responsables, mais pas coupables ». Cela fait des dizaines et des dizaines d'années qu'on nous fait croire que nous sommes envahi-e-s de microbes et qu'un produit miracle existe : l'eau de Javel.

[1] *Roundtable On Sustainable Palm Oil : table ronde pour une huile de palme durable, qui touche environ 20 % de la production mondiale d'huile de palme.*

[2] *Rapport passionnant à télécharger, publié en mai 2018 par la Changing Markets Foundation.*

ET ALORS, C'EST FAUX ?

C'est surtout très toxique. Laissons le chlore là où il est, c'est un biocide. Cela signifie qu'il tue la vie. D'ailleurs, on en fait des bombes, des bombes au chlore. Là encore, c'est hautement symbolique que des bombes au chlore aient dévasté une ville qui produit un savon naturel : Alep. La chimie de synthèse détruit, au sens très propre du terme, la nature et les molécules naturelles. L'eau de Javel détruit tout sur son passage. Elle affecte l'immunité des enfants, cause des maladies ORL aux personnes qui l'utilisent régulièrement (en première ligne : des femmes, infirmières, femmes de ménage) et bien sûr, elle est toxique pour la faune et la flore. Même à petite dose.

OUI, MAIS ÇA NETTOIE !

Non, la Javel ne nettoie pas. Elle ne blanchit pas non plus. Elle désinfecte des bactéries pathogènes et elle peut être remplacée par des produits complètement naturels.

Zéro Javel

Ne finissez pas votre bidon de Javel. Apportez-le dans une déchetterie. Il se recycle dans les « déchets dangereux » : c'est tout dire !

C'EST QUAND MÊME BIEN, NON ?

Non, nous devons arrêter avec cette peur des bactéries pathogènes, il n'y en a que 3 % environ autour de nous. De nombreuses bactéries sont utiles et même indispensables à la vie : pour nous aider à digérer par exemple. En stérilisant tout, on finit par détruire la vie, sous toutes ses formes. Le plancton est menacé aujourd'hui, c'est une véritable catastrophe.

LE PLANCTON ?

Dans les océans, il existe deux sortes de plancton, des organismes unicellulaires microscopiques : le zooplancton et le phytoplancton, animal et végétal. C'est la base de l'alimentation des poissons, des crustacés et c'est aussi la base de l'oxygène sur Terre. Sans plancton, plus de vie et plus d'animaux. Aujourd'hui, de nombreuses pollutions affectent le plancton. Des eaux sont troublées, colorées, en rouge ou en vert, des « blooms » révèlent une pollution dans l'eau, une saturation en micro-algues, qui parfois sont toxiques. Tout comme le blanchissement du corail, véritable drame. Plus de coraux signifie plus de barrières naturelles, moins de diversité et un vrai risque pour les populations des îles, entre autres.

MAIS QU'EST-CE QU'ON Y PEUT ?

Les crèmes solaires.

COMMENT ÇA LES CRÈMES SOLAIRES ?

Elles sont en grande partie responsables du désastre qui s'annonce. Elles filtrent les UV et malheureusement, elles le font bien. Oui mais voilà : quand on se baigne, on se nappe de crème. Il faut bien pour se protéger, n'est-ce pas ? Avez-vous déjà vu sur l'eau le film irisé émanant de vos bras, de votre torse… Un peu comme une flaque d'essence. Ce voile anti-UV empêche les rayons solaires de pénétrer au cœur du vivant, tandis que d'autres particules intoxiquent la faune et la flore. Le plancton par exemple. À chaque seconde, c'est l'équivalent de trois ou quatre flacons qui se déversent dans les mers, deux tonnes toutes les heures sur la planète ! Devinez ce qu'il vous reste à faire…

NE PLUS ACHETER DE CRÈMES SOLAIRES ?

… toxiques. Acheter celles qui protègent les océans, heureusement il y en a. Elles sont signalées par un logo. Et bien sûr, il faut penser à recycler et à trier les tubes et les flacons.

Protéger l'océan et sa peau

Boycottez les produits classiques et choisissez une crème solaire respectueuse pour les océans. Le plus souvent, elles portent le logo « respect des océans ». Achetons moins, achetons mieux et tartinons mieux ! Ou bien, gardons nos maillots pour nous protéger. Après tout, le textile est la crème solaire la plus écologique.

QUEL EST LE RAPPORT AVEC LES FLACONS ?

Le continent de plastique[1], les poissons et les oiseaux aquatiques qui en meurent, ainsi que les déchets qui s'accumulent.

[1] *Le continent de plastique (ou 7e continent) est un endroit de l'océan où se sont accumulés tous nos déchets plastiques. Il est aussi grand que six fois la France environ. Il existe actuellement six plaques immenses dans trois océans différents qui rassemblent les plastiques jetés.*

VOUS ALLEZ NOUS PARLER DES POUBELLES JAUNES, C'EST ÇA ?

C'est ça. Le continent de plastique, voilà les fusées de détresse. Plus grand que la France, ce « continent » mou nous désigne. Il nous rappelle nos déchets plastiques, ceux que l'on utilise chaque jour, ceux que l'on recycle mal et ceux dont on pourrait se passer. C'est notre vie quotidienne, encore elle, qui s'accumule en encyclopédie consumériste à perpétuité : produits ménagers, cosmétiques, emballages alimentaires, bouteilles... Notre mode de vie trash est là sous nos yeux pour combien de siècles encore ! Voilà pourquoi il faut jeter dans les bonnes poubelles, réduire et trier, c'est important, c'est fondamental. Et derrière ça, il y a aussi des hommes et des femmes qui, gants aux mains, trient ce que nous avons mal fait. Nous devons aussi penser à eux.

Découvrez les biomatériaux...

Canne à sucre, amidon de maïs, pulpe de cellulose, algues... les solutions alternatives au plastique existent. Les trouver pour de la vaisselle réutilisable (manifestation, pique-nique...) relève du parcours du combattant, surtout si l'on cherche le minimum d'impact (biosourcé et biodégradable[1]). Oubliez le carton qui nécessite trop d'eau pour la fabrication. Les vaisselles jetables et compostables existent, mais quel dommage de jeter encore et toujours. Et surtout elles nécessitent 300 fois plus d'eau que de la vaisselle réutilisable. La solution biomatériaux à base d'algues (Algopack) est la plus séduisante, surtout qu'elle permet de recycler les algues en échouage (comme les sargasses). Mais vous devrez choisir entre un gobelet résistant et réutilisable avec seulement 20 % de matière biosourcée ou du 100 % algues... mais à usage unique comme les pots de semis tout végétal. On ne peut pas tout avoir.

D'ACCORD, MAIS C'EST COMPLIQUÉ. JE NE COMPRENDS JAMAIS CE QU'IL FAUT JETER DANS LA POUBELLE BLEUE, DANS LA VERTE ET DANS LA JAUNE. D'UNE VILLE À L'AUTRE, ÇA CHANGE. COMMENT FAIRE POUR S'Y RETROUVER ?

Vous râlez encore, mais ce n'est pas faux. C'est même complètement vrai. Comment se fait-il que nos élu-es, nos responsables, ceux et celles que l'on a élu-e-s soient incapables d'harmoniser tout ça, de prendre une fois pour toutes des décisions identiques partout.

---

[1] *Un bon dossier sur le sujet à lire ici http://www.ecoconso.be/fr/La-vaisselle-reutilisable-ou*

VOUS SAVEZ POURQUOI ?
Franchement, même moi j'ai du mal à comprendre...

ET BIEN C'EST SIMPLE, C'EST À CAUSE DES INCINÉRATEURS ET DES CHOIX DES MUNICIPALITÉS.
Ah bon ? Racontez.

Ramasser les déchets

Imitons la jeune association d'étudiant-e-s « On agit Caen ? » qui s'est emparée du défi « Trash tag challenge » en reprenant l'idée d'un jeune Algérien Younes Drici Tani : prendre en photo un endroit jonché de détritus avant et après son nettoyage, sacs poubelles remplis à l'appui. Les photos de ces initiatives dans de nombreux pays sont sur les réseaux sociaux avec ce mot-clé #trashtagchallenge.

CHAQUE COMMUNE CHOISIT L'ENTREPRISE, OU PLUTÔT LE GROUPE, QUI VA GÉRER LES DÉCHETS. FINALEMENT, CE SONT EUX QUI DÉCIDENT, AVEC L'AVAL DES COMMUNES QUI PASSENT DES MARCHÉS. IL Y A UN TRÈS BON ROMAN POLICIER SUR LE SUJET *ON PEUT TOUJOURS RECYCLER LES ORDURES* D'HÉLÈNE CRIÉ-WIESNER[1].
Merci. Il est vrai que certaines communes incitent à la réduction de déchets, tandis que d'autres incitent au tri. On comprend bien les enjeux. Trier c'est une chose, réduire en est une autre. On assiste ainsi à une disparité énorme pour inciter à réduire, à trier ou à rien du tout. Les différences d'un département à l'autre, d'une ville à l'autre sont criantes. Certaines villes sont très au point sur le sujet, tandis que d'autres – les métropoles surtout – sont considérablement en retard. Paris, par exemple. Pour le tri, vous repasserez. Et pour la réduction de déchets, c'est de la science-fiction. Si un habitant sur deux d'Île-de-France fabriquait sa lessive, cela représenterait environ 10 000 tonnes de plastique économisées chaque année, c'est-à-dire non produites et non jetées. L'équivalent d'une tour Eiffel de changement ! Dans certains départements, on recycle, on trie, on réutilise, on co-voiture, on déchette, on fabrique, on forme, on répare... et ailleurs, des citoyens ne font rien. Même pas mal, même pas concerné !

[1] *Gallimard, 2002.*

Remplissons...

Pour éviter l'immense gâchis des cartouches d'encre, procurez-vous des kits de remplissage d'encre (avec seringue), difficiles à trouver dans les magasins. Vous ferez vos emplettes sur Internet, tant pis. Ce n'est pas toujours facile, j'en conviens, il faut s'organiser et éviter d'en mettre partout. Mais cela en vaut la peine.

QU'EST-CE QUE JE PEUX FAIRE D'AUTRE ?

Acheter moins, gaspiller moins, jeter moins. Nous balançons tous deux kilos par jour : ordinateurs, piles, téléphones portables qui, au nom du recyclage, vont intoxiquer hommes, femmes et enfants à l'autre bout de la planète...

Pas de pub dans ma boîte aux lettres

Toutes les mairies, ou presque, proposent des autocollants pour les boîtes aux lettres : « pas de pub ». Collez-le pour éviter le gâchis de papier ou faites le vôtre.

En quelques années, nous avons multiplié nos objets par trente. Chaque jour, plus de deux cents produits nouveaux apparaissent dans nos magasins. Les trois quarts seront cassés ou inutilisables dans l'année. N'achetons plus de produits jetables, ni d'appareils premier prix. Les lames de rasoirs, par exemple, essuyées correctement, servent plus longtemps (+ 122 % de durée de vie). Les appareils ménagers de qualité coûtent moins cher à long terme. Apprenons à louer certains objets. Une perceuse dure dix ans, mais en moyenne, elle ne sert qu'une demi-heure par an.

C'est l'occasion de mieux acheter

Acheter un téléphone d'occasion, c'est contribuer à réduire les déchets les plus toxiques et les plus sensibles. Un milliard et demi de téléphones sont produits chaque année dans le monde : plus d'un milliard de fois 33 g de fer,

13 g de silicium, 7 g de chrome, 90 mg d'argent et 36 mg d'or[1]. Et des minéraux « critiques » issus de mines africaines sources de conflits (tungstène, cobalt, molybdène, néodyme, praséodyme). Pour un seul téléphone, 10 à 15 kg de minerai sont nécessaires. Apprenons à recycler.

RIEN NE SE CRÉE, RIEN NE SE PERD... TOUT SE RECYCLE ?

De nombreuses associations réincarnent les objets : vélos, machines à coudre, vêtements... Des sites Internet regorgent de propositions de dons, des magasins gratuits ou des foires gratuites sont organisées dans une ambiance chaleureuse et doucement révolutionnaire. Il faut refuser d'acheter des emballages et des suremballages. Le vrac a du bon. Fabriquer soi-même un maximum de choses : le meilleur déchet est celui qu'on ne produit pas.

MAIS LES BOUTEILLES D'EAU, ON LES TRANSFORME EN LES RECYCLANT ?

L'eau en bouteille est une hérésie. Sa consommation exponentielle est inquiétante. En trente ans, en France, nous sommes passés de 19 litres à 175 litres d'eau par personne. Boire 1 litre d'eau sous plastique revient à en consommer trois pour sa production et un quart de litre de pétrole. Il faut cinq cents fois plus d'énergie pour produire l'eau en bouteilles que pour produire celle du robinet. Celle du robinet est très bonne, elle est potable partout en France. Son goût peut varier et déplaire : il suffit alors d'ajouter une goutte de citron, ou de laisser reposer de l'argile verte au fond de la carafe. Rappelons-nous toujours que c'est nous et nos gestes qui feront changer le monde. Non pas ces « gestes pour la planète » qui ne sont que des gesticulations destinées à nous donner bonne conscience, comme on donne l'aumône les jours de charité.

Donner pour donner

Donnez les objets dont vous ne vous servez plus. Apportez-les dans des associations de troc, de vente à faible prix ou d'échange. Vous ferez des heureu-x-ses. Vous hésitez à vous séparer d'un objet, d'un livre ou d'un vêtement ? Attendez deux ans pour savoir si vous l'utilisez. Deux ans plus tard, vous aurez la réponse. Préparez les cartons. Téléchargez l'application Trocr (troc du cœur) : votre objet sera vendu au profit de l'association de votre choix.

[1] *D'après une expérience réalisée par deux géologues de l'université de Plymouth (Arjan Dijkstra et Colin Wilkins) qui ont réduit en poudre un iPhone.*

MAIS LES RESTOS DU CŒUR, PAR EXEMPLE, C'EST BIEN NON ?

Oui bien sûr, et toutes les autres initiatives similaires, celles qui ont souvent l'impression de faire le travail de l'État ; heureusement que des citoyens se mobilisent d'ailleurs.
Mais dans nos cuisines, nous devons aussi apprendre à cuisiner les restes. Dans notre pays, un repas par semaine nourrit les poubelles, pratiquement 500 g par jour en Europe. Découvrons les joies et les vertus du jardinage, de la production de ses propres légumes, même sur un coin de balcon, c'est possible. Tout est possible. Il suffit qu'on le veuille vraiment et qu'on choisisse des produits de qualité car la graisse nous gagne, la graisse et le sucre, ce doux poison[1]... Là encore, dans nos assiettes et dans nos estomacs nous devons changer notre mental, manger moins et manger mieux. N'acheter que des produits meilleurs et des aliments plus sains.

Des appli pour s'appliquer à mieux manger

Téléchargez sur un téléphone mobile l'application Yuka et Open Food Facts qui vous informent sur la composition nutritionnelle des produits. La deuxième vous indique les scores à la part ainsi que la précieuse liste des ingrédients. Avec ou sans huile de palme ? Trop sucré ou non ? Trop gras ? Scannez le produit pour le savoir. Ayez le même réflexe avec les cosmétiques en téléchargeant Inci beauty. Vous ne le regretterez pas.

NOUS Y VOILÀ...

Oui, nous y voilà. C'est une catastrophe annoncée. Sur le plan sanitaire, l'obésité est galopante. Si tant est qu'un obèse puisse galoper. Trop de sucres cachés, trop de graisses, trop de protéines animales. Les maladies sont devenues « de civilisation ». Dix fois plus d'enfants obèses dans le monde depuis quarante ans et, dans le même temps, à l'autre bout du globe des enfants en sous-poids. Le monde en déséquilibre. Nous serons bientôt dix milliards sur une planète épuisée. On continue aveuglément de fournir des protéines animales en consumant le monde par les deux bouts. Consumer, consommer une proximité qui parle d'elle-même. Un décès sur cinq dans le monde est

[1] *À ce propos, regardez l'édifiant reportage de France 5* Le sucre, un si doux poison.

dû à une mauvaise alimentation, soit plus que le tabac[1] !
On jette dans le monde environ la moitié des aliments produits, on jette ce qui est entamé, ce qu'on a déjà mangé la veille… Nous sommes atteints de « l'effet de snobisme »[2]. Plus on gravit les échelons de l'échelle sociale, plus il est bon de jeter de haut ! Et puisqu'on est si haut, on regarde de haut les animaux qu'on dévore. Effet de classe qui détruit : ça fait chic et riche de manger de la viande. Vingt fois plus en une génération, en Chine, par exemple. La moitié des céréales cultivées l'est pour les animaux qui finiront cuisinés. Une calorie de viande en réclame quatre pour nourrir un poulet et dix pour nourrir une vache. Au tout début de l'agriculture (il y a 12 000 ans), nous représentions, nous et nos animaux, environ 0,1 % de l'ensemble des mammifères. Aujourd'hui, c'est 90 % ! Un milliard et demi de vaches sur Terre, c'est plus – en biomasse – que toute la population mondiale.

Plus de céréalgues !

Investissez dans un puissant blender pour augmenter votre ration journalière de fruits (frais et secs), de légumes (terrestres et marins) et de céréales. Au menu : jus maison à boire chaque matin ou à transformer en dessert en les chauffant avec un peu d'agar-agar.
Recette de base : un ou deux fruits frais coupés en morceaux, une poignée de fruits secs, une cuillerée à soupe de céréales, une cuillerée à soupe d'algues en paillettes, un demi-litre d'eau ou de boisson végétale. On mixe, on goûte, on réajuste, on ajoute du liquide éventuellement et on met en bouteille[3].

CONCLUSION : IL FAUT MANGER MOINS DE VIANDE ?

Oui, beaucoup moins. Le rapport Campbell[4] nous montre, tableaux à l'appui, des liens effarants entre protéines animales et maladies, dans de nombreux pays du monde. Manger moins de viande s'impose à tous et à

[1] *Étude publiée par l'hebdomadaire médical* The Lancet *le 3 avril 2019, suite aux travaux de 130 chercheurs (Global Burden of Disease par l'Institute of Health Metrics and Evaluation).*

[2] *Effet décrit par un économiste américain, Thorstein Veblen, en 1889.*

[3] *Un des résultats de l'étude mentionnée est qu'en 2017 il y a eu davantage de décès liés à un apport insuffisant en céréales complètes, fruits, noix et graines que de morts associées à une consommation élevée d'aliments contenant des acides gras trans (présents dans les produits laitiers, les viennoiseries, les pizzas…), de boissons sucrées ou viandes rouges ou transformées.*

[4] *Rapport Campbell, passionnante enquête sur la nutrition, T. Colin Campbell, 2005.*

toutes. Dès à présent, pour la sauvegarde du climat, il faudrait réduire la consommation mondiale de porc d'environ 90 %, celle de bœuf de 80 %, diviser par deux la consommation d'œufs et de volailles et du tiers celle du lait. Le sucre n'est pas qu'un doux poison, c'est aussi une culture vorace qui devrait diminuer de plus de moitié, tout comme l'huile de palme (60 %) et diverses céréales du tiers au moins (blé, riz, maïs). Dans les pays riches, le bœuf devrait quasiment disparaître (90 %), tout comme le sucre (70 %), le lait et les œufs (60 %)[1].

ET À LA PLACE ON MANGE QUOI ?

Des protéines végétales. Les légumineuses, les fruits secs et les algues surtout, excellentes sources de protéines[2] et de magnésium. Elles ne génèrent pas d'effet de serre, ont un bilan carbone très bas[3], ne nécessitent pas de terre, ni d'eau douce. Nous devons tous changer, modifier nos habitudes, découvrir et cuisiner de nouveaux aliments, c'est une délicieuse urgence.

Du tartare végétal ?

Les algues (surtout les algues rouges) apportent des protéines de bonne qualité. Pour obtenir un pot de 100 g environ, réhydratez 4 cuillerées à soupe d'un mélange de trois algues (nori, dulse, laitue de mer, que vous trouverez dans les magasins de produits naturels) avec 1 cuillerée à soupe de vinaigre de cidre. Mélangez. Ajoutez une gousse d'ail broyée et une petite cuillerée à café de câpres ciselées. Versez 3 cuillerées à soupe d'huile d'olive et poivrez légèrement. Laissez reposer quelques heures à température ambiante.
Servez sur du pain légèrement grillé, frais dans un sandwich, avec des tomates-cerises, sur une endive... ou sur des pâtes, du riz.

ALORS ON VA TOUS DEVENIR VÉGÉTARIENS OU VÉGANS ?

Ou végétacool, ou les termes qu'on veut. Puisque nous sommes omnivores, nous pouvons nous régaler de tout. Mais retenons cette sagesse de Thoreau : « Il est de mon devoir de m'assurer que je ne

---

[1] *D'après* Les echos.fr *« Climat : pourquoi la viande va (presque) disparaître de nos assiettes », Hélène Gully, mis à jour le 19/10/18.*

[2] *Un hectare d'algues équivaut en protéines à 21 hectares de soja ou à 49 hectares de maïs.*

[3] *296 kg par tonne de protéines consommables, loin derrière toutes les productions de viande.*

contribue pas au mal que je condamne.[1] » Choisissons avec soin tous nos aliments. Le premier légume OGM est né en 1996, c'est l'ami de nos tables et de nos enfants, la tomate. Sauces tomates et ketchups sont faits d'OGM[2].

Les perturbateurs endocriniens nous rendent « tous crétins[3] » pendant que la malbouffe continue ses ravages. Dissimulée dans les aliments préparés, dans les plats commandés, elle nous gagne sans même la voir. On connaît ses dégâts depuis l'édifiant documentaire *Super Size Me*.

Un truc en plus : faisons du ménage !

La pollution « dormante » de l'informatique est énorme. Les centres de stockage des données consomment l'équivalent de la production de 30 centrales nucléaires. Un e-mail parcourt environ 15 000 kilomètres de câbles et possède un bilan carbone équivalent à la production d'un sac plastique. Limitons la pollution en adoptant des gestes simples :

- stocker les messages sur son disque dur ;
- en supprimer le plus possible et vider la corbeille ;
- envoyer un lien plutôt qu'une pièce jointe ;
- limiter les destinataires ;
- imprimer le moins souvent les messages.

[1] La Désobéissance civile, *Henry David Thoreau, 1849.*

[2] *« La civilisation de la tomate, Le capitalisme raconté par le ketchup »,* Le Monde diplomatique, *juin 2017, p. 1, 6 et 7.*

[3] https://www.demaintouscretins.com/ *un documentaire de Sylvie Gilman et Thierry De Lestrade, coproduction YUZU Productions / Arte France / CNRS Images, 2017.*

POUR L'ÉG

ALITÉ

ON EN REVIENT ENCORE À LA GRAISSE !
Oui et aux bulles de savon. Elles sont poétiques, mais elles ont une faille…

AH OUI, LAQUELLE ?
Elles éclatent. Chaque bulle est gagnée par le complexe d'Icare : plus près de toi, mon Dieu. Elle monte, grimpe pour s'approcher du Soleil, la lumière, son dieu, le pouvoir ultime. Or, les lois de la physique sont impénétrables. La pression extérieure devient plus forte que la pression intérieure, cette sorte de vide qui enfle les bulles, à la fin ça éclate, paf dans de petits bruits à peine audibles !

JE VOIS, LA PRESSION EXTÉRIEURE, C'EST NOUS, C'EST ÇA ?
Exactement, vous suivez, ça fait plaisir. Donc oui, l'image convient bien. Nous pouvons faire éclater les bulles, silencieusement, en exerçant une pression forte, tellement forte qu'elle sera supérieure à la pression interne. Nous avons le pouvoir de faire éclater les bulles et là, nous serons à égalité.

OUI, MAIS PARFOIS CE N'EST NI SILENCIEUX, NI POÉTIQUE, C'EST PARFOIS VIOLENT LA PRESSION EXTÉRIEURE…
Bien sûr, mais la violence s'exerce à tous les niveaux. La violence d'État est terrible, elle est silencieuse, insidieuse, elle détruit les gens, elle les broie et, en face d'eux, il n'y a personne contre qui se retourner. Des directives, des lois, des papiers, des documents électroniques,

des serveurs… bref le vide sidéral. Cette violence s'exerce depuis au moins trente ans. La génération qui nous précède a vécu les trente glorieuses et nous, nous avons connu les trente affreuses. Nous avons été abandonnés, nous avons été laissés pour compte, nous avons été trahis et aujourd'hui nous sommes parvenus à ce point d'extrême tension que décrit cyniquement le milliardaire américain Warren Buffett : « Il y a une guerre des classes, c'est un fait, mais c'est ma classe, la classe des riches, qui la mène, et nous sommes en train de la gagner.[1] » Alors de qui se moque-t-on quand on assimile la couleur des gilets aux ronds-points à une peste brune ? De qui se moque-t-on quand on sait que cette peste brune écrase elle aussi les « pauvres gens » en volant leur misère à son profit électoral ? Ce profit où la monnaie sonnante et trébuchante cogne au fond de la poche des élus de ces extrêmes, extrêmement intéressés par le chaos social qu'ils ne vivent pas au quotidien et qu'ils ne connaissent que de nom. Revenant sur son enfance ouvrière, un sociologue français a très bien décrit ce phénomène de lutte perdue d'avance : « Une guerre se mène contre les dominés, et l'École en est l'un des champs de bataille. Les enseignants font de leur mieux ! Mais ils ne peuvent rien ou si peu, contre les forces irrésistibles de l'ordre social qui agissent à la fois souterrainement et au vu de tous, et qui s'imposent envers et contre tout[2]. »

Des livres et nous

Un peu partout fleurissent des boîtes à livres, petites bibliothèques de rue ouvertes à tou-te-s. Piochez, lisez et faites-y circuler les livres que vous avez aimés. On y trouve parfois des pépites.

D'ACCORD, MAIS LA VIOLENCE DES MANIFESTATIONS EST RÉELLE, NON ?

Elle est réelle, mais rappelons les propos d'un haut responsable des forces de maintien de l'ordre : « C'est nous, l'institution, qui fixons le niveau de violence de départ. Plus la nôtre est haute, plus celle des

[1] *Interview de CNN, le 19 juin 2005, cité par le* New York Times, *le 26 novembre 2006.*

[2] Retour à Reims, *Didier Eribon, Fayard, 2009.*

manifestants l'est aussi[1]. » Et que disent les manifestants ? « Il n'y a que quand ça casse qu'on est entendu. » Parfois, pour obtenir l'égalité, il faut savoir écouter le bruit des bulles qui claquent au vent, des bulles et non des balles. Pour obtenir l'égalité, il faut la reconquérir et aujourd'hui, cela passe par des prises de position, des actes personnels et collectifs. L'égalité, c'est urgent, aussi urgent que la liberté. Au milieu de notre devise inscrite aux frontons des mairies, au milieu coule l'égalité.

EN FAIT, C'EST UN PEU COMME *INDIGNEZ-VOUS* OU *RÉSISTEZ* ?

Bien sûr, mais les verbes ont pâli. Nous sommes embarqués de gré ou de force sur un navire dont le gouvernail nous échappe, il est dans d'autres mains que les nôtres. Au jeu du tir à la corde, plus nous résistons, plus nous déployons de force et d'énergie à ne faire QUE résister. On est donnés perdants. On perd déjà. Reprenons à notre compte les sages paroles de Joan Baez, pacifiste convaincue : « Ils ont les armes. » Cette lutte n'est pas à armes égales, elle est perdue d'avance. Il ne faut pas résister cette fois-ci, mais lâcher. Si on lâche tous la corde, les lois de la physique s'appliquent aussitôt. Nous, on reste debout et en face, patatras. L'égalité passe par tous nos gestes quotidiens et aussi par notre comportement, à tous, à toutes ici, maintenant. En agissant chacune et chacun, nous construisons une égalité sociétale. On reprend le pouvoir, comme ces initiatives merveilleuses à Mauléon, dans les Deux-Sèvres, où tout de monde se mobilise pour construire un territoire zéro chômeur longue durée[2] où l'on réinvente ce qui devrait exister : une entreprise à but d'emploi et non de profit ou encore les communes qui passent complètement au bio, comme Barjac, présentée dans un documentaire émouvant[3]. Tout est possible si nous nous y mettons tous et toutes.

---

[1] Le Monde diplomatique, *Dossier : le soulèvement français, pourquoi maintenant ? Laurent Bonelli, janvier 2019, p. 13.*

[2] *Voir le documentaire incroyablement humain de Marie-Monique Robin* Du travail pour tous, *M2R Films.*

[3] Nos enfants nous accuseront, *film de Jean-Paul Jaud, 2008.*

S'aider plutôt que céder

Issus de la pédagogie active, les jeux coopératifs ont vu le jour dans les années 1980 environ (notamment via l'OCCE[1]). Ils reviennent heureusement à la mode sous forme de jeux de société où le but est de s'entraider pour un but commun. Ce sont des jeux plus créatifs (comme Dixit), plus agréables et plus solidaires que les jeux traditionnels basés sur l'apprentissage du profit et de la concurrence.

ALORS, IL SUFFIT D'ŒUVRER TOUS DANS LE MÊME SENS, C'EST ÇA ?

Oui, en partie, mais pas en totalité. Revenons à *Super Size Me.*

LE DOCUMENTAIRE OÙ L'ON VOYAIT L'ACTEUR MANGER TOUS LES JOURS AU MACDO, C'EST ÇA ?

Oui, c'est ça. Pour dénoncer la malbouffe, le réalisateur a mené conjointement une enquête et une expérience : manger trois fois par jour au MacDonald. Après avoir épaissi de 11 kilos en un mois, son médecin a tiré la sonnette d'alarme. On attend désormais de lui un documentaire pour montrer les ravages et les désastres du sexisme ordinaire et du harcèlement sexuel.

PARDON ? C'EST QUOI LE RAPPORT ?

Le rapport, c'est lui, Morgan Spurlock. Il s'est dénoncé comme ayant eu des comportements abusifs auprès de plusieurs femmes, qu'il a harcelées sexuellement. Comme il l'a dit lui-même : « Je fais partie du problème. »

D'ACCORD, MAIS QU'EST-CE QUE ÇA VIENT FAIRE ICI ?

C'est justement ça, la question. Nous faisons aussi partie du problème. Changer le monde exige de l'égalité et de l'humanisme. Liberté, égalité, fraternité. C'est notre devise. Pas de liberté sans égalité, pas de fraternité sans égalité. Égalité de salaire, égalité de traitement, égalité de visibilité. Ouvrez les journaux, la radio, la télé : l'affliction est au comble et les femmes invisibles ou si peu visibles. Pas ou peu d'expertes en plateau, pas ou peu de chercheuses, d'historiennes, de scientifiques, ni de musiciennes. Les groupes de musique sont au masculin, tout

[1] *Office central de coopération à l'école.*

comme les chefs en cuisine, les médecins ou les militaires. Savez-vous qu'en France le nombre de gynécologues diminue ? C'était une spécialité non reconnue en Europe, considérée comme – tenez-vous bien – non prioritaire ! La santé des femmes est en péril en France aujourd'hui. Les exemples fourmillent et les lois timides et frêles n'y changent rien. La couardise est de mise. On dirait un monde sans femmes, sans femmes visibles. Sauf bien sûr du côté du futile : la mode, les accessoires… ou du côté des enfants, de la santé.

La vie en cadeau

Pour Noël et pour les anniversaires, offrez des jouets créatifs qui stimulent l'imaginaire de l'enfant et non des jouets qui incarnent des représentations bornées du monde où les gestes de l'enfant reproduiront ceux de ses parents. Offrez des loisirs, des aventures, des nouveautés…

QUAND MÊME, TU EXAGÈRES…

Vous plaisantez ! Vous voulez des chiffres, une réalité tangible ? À peine 30 % de sénatrices, un petit quart de députées. Plus on grimpe dans la hiérarchie des entreprises, des universités, des administrations, plus la place des femmes fond comme neige au soleil. Serait-ce là aussi un effet de snobisme ? Masculin, *so chic* ? Il est quand même inouï qu'aujourd'hui encore les femmes gagnent moins que les hommes. Des noms existent pour désigner une inégalité qui frappe une minorité ethnique, religieuse ou liée à une race, à une couleur de peau. Mais nous, la moitié du monde, ne sommes pas une minorité. Quel nom donner à l'emprise d'une moitié du monde sur l'autre ? Phallocratie, misogynie, patriarcat rampant ? Cessons la complaisance, cessons le silence. Se moquer des femmes n'est pas drôle, les insulter ce n'est pas drôle, les humilier ce n'est pas drôle. La vraie question, c'est comment en est-on encore là ?

Du tac au tac

« Quoi on ne peut plus rigoler ? » Cette phrase entendue des centaines de fois doit se heurter à des réponses du style : « Si, si, prends un miroir et regarde-toi, tu y verras une infinité de blagues très drôles. » Moquerie bien ordonnée commence par soi-même.

OUI, C'EST VRAI, COMMENT ?

On pourrait penser que c'est une domination de l'un, le fort, sur le faible, ou plutôt : sur ce qu'il croit être faible. La réalité est plus complexe. C'est bien sûr l'éternelle histoire de la domination masculine et aussi une volonté d'exercer son pouvoir[1]. Sauf si on est humaniste. Mais les valeurs humanistes sont des feuilles d'automne balayées par le vent dominant. À la fin, ce sont les autres qui gagnent. Ceux qui justement exercent leur pouvoir. À quoi cela sert d'avoir du pouvoir si on ne peut pas jouer avec ? En dehors de la politique, lieu du pouvoir par excellence, c'est dans l'entreprise où le pouvoir est sublimé. On est même payé pour l'exercer. Le pouvoir grandit avec les échelons et l'emprise ultime sur l'autre, c'est évidemment et malheureusement la sexualité. Voilà comment on arrive à une domination masculine sexuelle sur les femmes, domination passée sous silence, la plupart des médias étant dirigés par les hommes, qui se protègent entre eux. CQFD. Combien de temps a duré cette infamante ligue du LOL ? Combien de temps a duré l'emprise de Weinstein sur les femmes de son entourage ? Combien de temps vont encore durer ces crimes contre les femmes, ces féminicides exercés au sein des familles. On achève bien les femmes qui commencent heureusement à se rebeller. Mais les chiffres sont tenaces et les horreurs continuent chaque jour de se répéter sur toute la Terre. Il manque en Asie 90 millions de femmes qui ne sont pas nées, que l'on a évité de faire vivre. Ce féminicide aura des répercussions considérables sur la vie des hommes, mais surtout sur la vie des femmes qui sont nées. Quelle sera leur vie, leur sexualité ? On ne leur contera pas fleurette, comme les jeunes femmes enlevées par Boko Haram. Qui a tenté de les secourir, elles ? Que deviennent-elles ? En parle-t-on souvent ? Si un groupe armé avait enlevé 200 banquiers, il me semble que ce serait déjà réglé.

D'ACCORD, MAIS QU'EST-CE QU'ON Y PEUT ?

Il ne faut rien laisser passer, jamais, ni dans notre famille, ni avec nos amis. Aucun mot sexiste, aucune blague graveleuse, aucune allusion. Nous sommes devenu-e-s amorphes, inconsistant-e-s, politiquement correct-e-s, des coquilles vides qui se désagrègent dans l'acidité des océans d'âneries, de bêtises et d'exclusion. On laisse autour de nous des gens dire n'importe quoi, parfois même avec un sourire béat ou coincé sur les lèvres. Dans le meilleur des cas, on les regarde froidement. Et

[1] *À un point extrême : « L'Homme est la seule espèce où les mâles tuent les femelles de leur espèce », Françoise Héritier dans un texte écrit en 2012 pour le magazine* Sciences et Avenir *« Qu'est-ce que l'homme ? »*, http://k6.re/UQwPz.

bien sûr, ils continuent, ils profèrent des propos racistes, xénophobes, homophobes et on ne réagit pas. Ou si peu. On est atteint du syndrome de l'administration française : pas de vague. On ne va pas se fâcher quand même ? On étouffe l'affaire gentiment et on rentre manger de la soupe, en faisant des grands slurps. Voilà comment des harcèlements sexuels et des viols peuvent se produire dans des transports en commun ou ailleurs. Personne ne dit rien. Personne ne voit. Personne ne réagit. On tue les femmes devant « 38 témoins[1] » silencieux. Toutes les sept minutes, en France, un viol est commis. C'est un ami de la famille, un père, un cousin, un frère, parfois – plus rarement – un inconnu. Voilà pourquoi il faut que cela cesse. Nous devons apprendre à dire ce que l'on pense calmement, exposer nos idées quand elles sont justes et humaines. Il faut parfois savoir quitter la table ou quitter une assemblée quand les désaccords sont flagrants. Nous devons élever les garçons autrement, arrêter de couper le monde en deux avec du sexisme à tous les étages. Pourquoi repeindre les petites filles en rose et pourquoi refuser aux garçons les pleurs ? Nous pavons les boulevards sur lesquels défileront des garçons dépourvus de sentiments.

La masculinité positive

Faisons comme au Rwanda : des ateliers pour apprendre la masculinité positive. Développés par le prix Nobel de la paix, le docteur congolais Denis Mukwege, ces ateliers ont pour but de déconstruire la masculinité toxique qui conduit les hommes à écraser, à discriminer et à humilier les femmes, pour apprendre des comportements masculins positifs (soin des enfants, expression des émotions...). Menés par des hommes le plus souvent, ces ateliers favorisent un meilleur épanouissement de leurs ménages par le partage des tâches ménagères entre parents et enfants filles et garçons et par la communication.

UNE FOIS DE PLUS, TU EXAGÈRES !

Ah oui, vraiment ? Que font-ils dans leur domicile ces beaux héros qui nous donnent des leçons sur le réchauffement climatique, sur l'agrobiologie, qui écrivent des essais sur le jardinage, la permaculture, le mot à la mode, ou sur le changement planétaire ? Qui fait la lessive chez eux ? Pour reprendre un mot de Françoise Giroud « la différence entre les hommes et les femmes, c'est que les hommes ont des femmes »,

[1] *Film franco-belge écrit et réalisé par Lucas Belvaux, inspiré de l'affaire Kitty Genovese.*

des domestiques devrait-on dire, d'où leur réussite au travail et dans la sphère publique. L'égalité, c'est ça : lessive pour tous ! Le respect des autres passe aussi et surtout dans nos foyers, chez nous, et là on a encore un gros, gros travail à faire pour changer la société. On peut vouloir dénoncer le monde et le changer, sans se changer soi-même. C'est toujours plus simple de remettre en cause les autres que soi-même. Les femmes ne sont pas des domestiques, les femmes ne sont pas des secrétaires, les femmes ne sont pas au service des messieurs. « L'heure de la contrainte a sonné » pour citer Simone Veil.

C'EST AUSSI DE LA FAUTE DES FEMMES PARFOIS ?

Oui bien sûr, c'est même édifiant de constater qu'elles peuvent être les premières à entretenir une domination, une discrimination et l'inégalité dans la vie domestique. Il existe des esclaves qui aiment leurs chaînes. Des mères, jeunes parfois, enferment leurs petites filles dans des rôles sexués où elles n'auront jamais le beau rôle, esclaves à leur tour. Nous avons régressé, rangé au placard – sous clé – la si belle et si chère mixité. Tout est coupé en deux, jouets d'enfants et vêtements, les gestes et les sentiments. On entend aujourd'hui des inepties, même venant de gens éduqués, cultivés, diplômés. Tel film serait pour les filles, telle activité du ressort des garçons. Les soirées filles ont fleuri sur une bien étrange symétrie avec les enterrements de vie de garçons. Chimie, mathématiques, sciences, conduite d'engins, c'est encore et toujours masculin. On réserve aux filles les jeux tranquilles, sages et domestiques, comme au bon vieux temps.
D'où est née cette idée saugrenue d'écrire des livres et des revues pour filles et d'autres pour les garçons ? De quelles têtes à la vision binaire cette idée est-elle sortie ? Les enfants, car ce sont des enfants, ont pourtant des besoins identiques, il leur faut les mêmes choix de vie, les mêmes choix de métiers, les mêmes carrières et donc… les mêmes jouets.
Il existe un mot terrible pour désigner une population que l'on coupe en deux. Un mot plus fort que ségrégation, plus fort que discrimination. C'est l'apartheid. Les conséquences de cette division sont déjà inquiétantes. Dans les métiers du numérique, le nombre de femmes ingénieures est passé, en France, d'un tiers des effectifs à seulement 15 % en trente ans[1]. L'entre-soi masculin, les boys-clubs font des ravages, le cyber-harcèlement est une peste qui empoisonne la vie des femmes. Comment des hommes soi-disant cultivés

[1] *Journal* Le Monde, *« Métiers du numérique : l'exode des femmes », Claire Legros, le 3 mars 2019.*

peuvent harceler des femmes, se moquer d'elles, ou simplement rire en proférant des blagues graveleuses qui ne font rire qu'eux-mêmes et leurs semblables ? Comment cela est-il rendu possible dans tous les milieux : la presse, la pub, la politique, la finance, la fonction publique… ? Comment cette connivence stupide peut-elle encore durer dans une société soi-disant évoluée ? Évidemment, ces comportements phallocrates ont des conséquences terribles.
Un nouveau mot a surgi récemment « charge mentale » qu'on nommait autrefois « sur-ménage ». Que disent les femmes concernées ? Que leur compagnon s'affale dans le canapé, qu'il connaît à peine les activités des enfants, qu'il n'est pas concerné par le travail domestique, « il fallait demander ». C'est honteux. Mais les femmes doivent aussi réagir. Vouloir tout assumer, ne pas laisser de place à l'autre et se contenter en souriant qu'il joue avec les enfants : ce n'est pas suffisant. On ne peut pas tout faire avec ses petits bras, Superwomen n'existe pas, pas plus que la princesse au petit « poids ».

Pour vivre heureux, vivons parité

Une enquête menée par l'université de Stockholm a montré que les couples qui partagent les tâches ménagères équitablement restent plus longtemps ensemble. Logique : aimer, c'est respecter, et respecter, c'est partager. Des mesures concrètes sont proposées ici http://supportersdelegalite.be/ et des méthodes personnelles existent. La méthode Valérie : faire la grève, la méthode Maïwenn : pour les repas chacun son tour, un jour sur deux, pour le ménage à deux sinon rien. Inventez la vôtre.

MAIS ALORS QUE DOIVENT-ELLES FAIRE ?

La grève. Il faut arrêter de vouloir tout faire. Les paroles peuvent être une solution, mais elles doivent être suivies d'actes, de l'un ou de l'autre. Ne faire que SA lessive par exemple, l'autre, les ados seront bien obligés de réagir.

ENCORE UNE HISTOIRE DE LESSIVE ?

Oui, car elle prend du temps, du temps sur le bon temps, et ce n'est pas amusant, sinon cela se saurait. Il faut aussi savoir partir, prendre de la distance et du temps pour soi. Nous devons apprendre des nouveaux comportements. Apprendre, c'est découvrir une liberté qui profitera à tous. Cette liberté se gagne dans la vie domestique. La testostérone, chère aux psy et aux philosophes masculins a bon dos. Toutes les tâches, si ménagères soient-elles, doivent être apprises à tous, filles comme garçons. L'éducation est une terre que nous devons rendre fertile pour que vive un beau monde. Les garçons doivent apprendre à imaginer des métiers sociaux, des métiers plus humanistes, être présents dans les écoles maternelles par exemple. Les filles doivent pouvoir s'identifier autant que les garçons aux métiers valorisants et aux belles fonctions. Elles doivent pouvoir rêver d'être un jour chirurgienne, pilote, chercheuse… et ça passe par le féminin des noms de métiers.

AH BON, MAIS JE CROYAIS QUE LES MOTS NE CHANGEAIENT RIEN ?

Les paroles, mais pas les mots. Si c'était le cas, nos chers académiciens ne seraient pas arc-boutés comme ils le sont encore sur ce sujet, même si un pas de fourmi a été fait récemment. Pour l'Académie française, l'écriture qui laisse la place au féminin ferait courir un « péril mortel » à la langue française. Péril. Mortel. Des spécialistes de la langue ont choisi les mots justes et précis ! Qu'ils soient ici rassurés. La langue française s'en remettra comme elle s'est remise de tout depuis des centaines d'années. Tout bouge et tout change autour de nous et il faudrait que le temple y échappe, que « les règles de la tribu » ne soient jamais modifiées[1] ? Rappelons qu'au Collège de France, il n'y a pas si longtemps « élire une femme, c'était ébranler les colonnes du temple ». Il est vrai que dans anthropologue, il y a un mot « anthro- »[2]. Boulangère, charcutière, enseignante, infirmière sont des féminins acceptés. L'effet de snobisme, cet effet de classe qui transperce tous les étages, a encore frappé. En haut de la pyramide sociale, le féminin prend des coups de soleil. Un métier valorisant au féminin ? « Une craie qui crisse sur un tableau noir. » Le point entre masculin et féminin ? « Bégaiement ridicule », « eczéma sur les pages »[3].

Un peu de bicarbonate monsieur le poète ? Un pseudonyme monsieur le philosophe au nom de famille imprononçable ? Encore un délice

[1] *Phrase prononcée par Claude Lévi-Strauss, anthropologue, contre la candidature de la première femme à l'Académie française, Marguerite Yourcenar.*

[2] *Du grec* Anthrôpos, *homme.*

[3] *Ces expressions ont toutes été prononcées par des académicien-ne-s, vous en lirez un florilège ici : https://www.lemonde.fr/idees/article/2017/12/13/ecriture-inclusive-malaise-a-l-academie-francaise_5228736_3232.html*

de misogynie : « madame la Présidente » serait une « niaise flatterie ». Poésie insultante pour les femmes. Un académicien l'a reconnu : « La diversité est plus réussie que la mixité. » Fermez le ban. Et sans aide ou presque des femmes. Une soi-disante « sage » – ça tombe bien, c'est un mot neutre – massacre toutes les candidatures féminines sous la coupole, refermant derrière elle la porte de la mixité. Comme de nombreuses cadres supérieures, elle refuse de féminiser son titre. Masculin, ça fait classe ! Comment dit-on *schnock* au féminin ?

QUELS ACTES CONCRETS PEUT-ON FAIRE CHEZ SOI ?

Protéger les enfants, en premier lieu les petites filles. Par notre langage, par nos choix pour les enfants, mais aussi par ce qu'ils voient. Les ravages de la pornographie détruisent surtout les filles. 80 % des ados ont déjà vu un film porno et deux filles sur trois. Ces chiffres de 2003 sont déjà loin derrière nous, emportés dans une boue infecte. Tous les jours, des enfants subissent malgré eux une violence sexuelle et une pornographie visuelle, monstre tapi dans les recoins de nos vies d'adultes. Beaucoup pensent, comme le premier personnage de l'État, que « Ça fait partie de la vie ». Non, cela ne fait pas partie de la vie des enfants. Relisons les définitions. De quoi parle-t-on ? D'obscénités faites pour blesser, pour choquer et pour caricaturer ce qui devrait être un partage de deux corps amoureux. Qui combattra cette hydre polymorphe ? Quel Hercule aura le courage de réduire en cendres ce monstre que nous avons créé, nous les adultes inconséquents. La plupart du temps, on laisse faire. Ce sont forcément les enfants des autres, connectés pourtant comme les nôtres. 100 % des ados sont sur les réseaux. Les chiffres explosent chez les plus petits. La télé, une si dangereuse nounou, est présente au pied du lit des enfants dès 4 ans, voire moins. Elle les borde en les endormant avec des histoires violentes tous les soirs.

Les enseignants assistent, impuissants, à une montée des pathologies. Moins de sensibilité à la souffrance des autres, plus d'agressivité de plus en plus tôt. Parfois, dans le second degré surtout, les enseignants eux-mêmes ne réagissent pas et laissent faire des comportements sexistes, au grand désespoir des filles. Pour elles, de la pression physique et verbale, par les réseaux sociaux, les portables. Les repères ont changé. Le monde de séduction amoureuse que l'on connaissait est mort derrière nous, la tendresse en lambeaux et les gestes violents, souvent imposés. Des mots nouveaux et affreux apparaissent : un miol, une mictime, pour décrire une heure sombre où une fille n'a pas osé refuser, par peur ou contrainte. Indéfendables en justice, ces très nombreuses filles traîneront dans leur vie la lourdeur de ce traumatisme. Quand et comment se réveilleront-elles un jour ? Mais qui les protège ? Qui s'en occupe ? Où sont les infirmières scolaires, les personnes chargées de la prévention ? Disparues avec les budgets, les coupes et l'austérité qui est de tous les bords. Que deviendront tous ces ados dans dix ans, dans vingt ans ?

La communic'action

On ne communique pas souvent et pas assez sur les sentiments des enfants et surtout ceux des adolescent-e-s. Il faut parfois savoir profiter de petits moments de détente pour leur poser des questions sur leurs émotions, leurs ressentis. La parole libère souvent de poids importants jusque-là tenus cachés. Sans être intrusi-f-ve, on peut tendre la main si l'on sent un malaise : « Qu'est-ce qui se passe ? Est-ce que je peux faire quelque chose pour toi ? Comment est-ce que je peux t'aider ? » Les sentiments et les émotions sont fondamentaux pour restaurer des relations de confiance et d'entraide ; on doit apprendre à en parler et à les montrer.

ON EN PARLE QUAND MÊME PLUS DEPUIS L'AFFAIRE WEINSTEIN…

Bien sûr, mais cela ne suffit pas. Peu d'actes, peu de concret en France. Dans d'autres pays, des démissions, des repentances, mais ici, peu de sanctions, peu d'exclusions, quelques départs en retraite après une carrière brillante et silencieusement violente. Nous sommes le pays des droits de qui ? Rappelons-nous que le silence profite toujours aux bourreaux.

ALORS QUE FAUT-IL FAIRE ?

Protéger les enfants, ceux dont on a la charge et d'autres si l'on peut. Activer les contrôles parentaux dès le plus jeune âge, restreindre les temps devant les écrans. Éviter au maximum les réseaux sociaux et parler, faire parler. Expliquer les sentiments, l'amour, les liens tendres qui peuvent exister entre deux personnes, la sexualité et sa place dans ce cadre-là. Nous devons écouter les enfants, les ados, s'assurer qu'ils ne sont pas en danger, même verbal. Il faut leur apprendre à dire non, haut et fort, les filles surtout. Dès le plus jeune âge. Et leur apprendre à vivre. Qui joue encore dans les bois ? Qui construit encore des cabanes ? Qui s'enivre des fleurs sauvages ? Et nous, où sommes-nous tous la plupart du temps ? Devant des écrans dont il faut se méfier. Nous ne regardons pas la vie mais un reflet terni. Nous sommes face à une télévie, une vie par procuration. Et pourtant la vie, la vraie vie, est là tout autour de nous. Dans la magie d'une fleur qui se change en fruit, dans la rosée des prés, dans les étoiles si brillantes en hiver, dans une balade en vélo sur un chemin de halage, dans le parfum des champignons de l'automne, dans la neige qui crisse en hiver sous nos pas, dans tous ces moments simples et magiques, dans le « Sel de la vie[1] ». Et c'est en rétablissant des petits moments de vie ensemble, partagés, que nous pourrons construire une véritable fraternité.

[1] Le Sel de la vie, *très beau texte de Françoise Héritier, Odile Jacob, 2012.*

UNE VÉRIT
FRATERNI

ABLE
TÉ

TU VEUX DIRE UNE « SORORITÉ » ?

Oui c'est ça. Les tâches quotidiennes sont l'affaire de tous, les métiers sont l'affaire de tous, parité, égalité, fraternité. La fraternité, la vraie, est un humaniste de tous les jours, sans volonté d'exercer son pouvoir, sans chercher à dominer l'autre, sans vouloir être meilleur, plus beau, plus fort, plus riche… Il faut abandonner la quête de richesse et de puissance. Il faut apprendre à Être plutôt qu'Avoir. Et là encore, c'est à cause de nous, nous vénérons des icônes, des Bill Gates dont on découvre que leur fondation n'est ni généreuse ni fraternelle[1], pour reprendre les propos d'une auteure américaine : « Nous adorons ces histoires de héros solitaires, de génie dans un garage, parce que c'est pratique, on s'en souvient facilement » et aussi poursuit-elle parce que dans l'histoire des technologies « on met l'accent sur ces parcours de gens qui sont devenus riches, ont construit des entreprises qui ont changé le monde, embauché des millions de salariés et ont acquis le statut de magnat » parce que « la réussite et la richesse sont synonymes. » Mais en faisant cela, en idolâtrant des gens comme eux, nous passons sous silence les personnes qui ont œuvré avec eux ou pour eux, très souvent des femmes d'ailleurs, même dans l'histoire de l'informatique et des mathématiques[2]. Continuons à écouter l'auteure « je ne crois pas que ce soit sain pour nous, en tant que

[1] *https://www.telerama.fr/* Bill Gates, le philanthrope qui donne d'une main pour reprendre de l'autre, *Romain Jeanticou à propos du livre de Lionel Astruc,* L'Art de la fausse générosité : la Fondation Bill et Melinda Gates, *Actes Sud, 2019.*

[2] *À ce propos, je vous invite à voir ce très beau film qui rend hommage aux mathématiciennes afro-américaines* Les Figures de l'ombre (Hidden Figures), *de Theodore Melfi (2016), d'après le roman de Margot Lee Shetterly.*

société, de seulement admirer ce type de parcours. Il me paraît tout aussi intéressant de commencer à aussi idolâtrer des gens qui ont pris des décisions différentes, ont décidé de prendre soin des autres, ont décidé de s'investir à long terme dans leur communauté, de s'en sentir responsables[1]. » En un mot : des humanistes. Mais le problème, c'est que les humanistes pour l'instant ne sont jamais élus et n'arrivent jamais dans les hautes sphères.

Humilité bien ordonnée

... commence par soi-même. Être dans le changement, dans les gestes écologiques au quotidien doit s'accompagner d'une grande indulgence envers les autres. Chacun-e avance à son pas, à son rythme. L'important étant de commencer... Personne n'est parfait et à l'impossible nul-le n'est tenu-e.

AH BON, POURQUOI ?

Justement parce qu'ils sont humanistes. Leur désir premier est le souci des autres. Or nous avançons à vive allure dans un train capitaliste qui a pour but le profit. Mais le profit est contradictoire avec le bien-être humain et animal. Nous sommes arrivé-es à un moment de la société, à un endroit de nos vies où nous devons choisir. L'humain ou le profit ? L'attention portée aux autres ou les biens matériels dans lesquels on se love en rejetant l'autre, l'étranger, le réfugié ? La véritable fraternité ou les tentes fragiles lacérées un matin de gelée ? Réveillons-nous sans attendre d'être concerné, car ce jour-là gageons qu'il sera trop tard. Souvenons-nous que nous avons été nous-mêmes réfugié-e-s d'un régime barbare et ayons toujours en tête ces célèbres paroles d'un repenti du régime nazi : « Quand ils sont venus me chercher, il ne restait plus personne pour protester. »[2]. Ils furent nombreux à tomber dans l'oubli ceux et celles qui ont préféré l'humain aux brevets. Regardez le travail de René Quinton et les inventions de Nikola Tesla. Deux hommes dans les fosses de l'histoire, à cause de quoi, à cause de qui ? L'un à cause de Pasteur, notre idole nationale, et l'autre à cause

[1] *Claire L. Evans : « Quand l'informatique a pris de la valeur, les femmes ont dû quitter le terrain », par Pauline Croquet in https://www.lemonde.fr/pixels/article/2019/03/23/claire-l-evans-quand-l-informatique-a-pris-de-la-valeur-les-femmes-ont-du-quitter-le-terrain_5440125_4408996.html*

[2] *Martin Niemöller (1892-1984), président des églises réformées de Hesse-Wassau. Partisan de l'arrivée d'Hitler puis résistant. Déporté à Dachau de 1938 à 1945.*

(entre autres) d'Edison et de Marconi, tous les trois sur le parvis des écoles. Quand René Quinton se passionne pour un organisme sain et renforcé, grâce à l'eau de mer, son célèbre homologue défend la maladie et ses microbes. L'un ne cherche pas à breveter le naturel tandis que l'autre détient inventions et brevets.

René Quinton

Le biologiste français René Quinton (1866-1925) s'est passionné pour la nature marine des organismes vivants. Il découvrit que le milieu dans lequel baignent nos cellules est proche de la composition de l'eau de mer. Il créa de nombreux dispensaires marins en France et à l'étranger qui soignèrent de nombreux patients.

Quant à Nikola Tesla, son histoire incroyable est à découvrir. Cet inventeur de génie a déposé des centaines de brevets. Obsédé par l'énergie libre et gratuite pour tous, il ne pensait qu'à finaliser son invention pour la diffuser à toute la planète.

ET IL A RÉUSSI ?

Bien sûr. Depuis plus de cent ans, l'électricité sans fil et gratuite existe grâce à lui. Imaginez un monde sans fil, sans paquets de fils emmêlés ? Elle réchaufferait bien des cœurs, été comme hiver. Parmi ses inventions, le courant alternatif, le radar, le laser, la radio… et d'autres encore qui permettent de soigner grâce aux basses fréquences.

Nikola Tesla

Génial inventeur visionnaire, Nikola Tesla était un ingénieur américain d'origine serbe. Il œuvra toute sa vie pour développer une énergie électrique, sans fil et gratuite, disponible pour tous. Déposant au total plus de 300 brevets, il se heurta à d'autres scientifiques comme Edison qui pillèrent son travail sans vergogne. Mort dans l'anonymat et la pauvreté, il connaît aujourd'hui un regain de notoriété grâce à une culture scientifique populaire qui lui rend hommage.

VOUS ÊTES EN TRAIN DE NOUS DIRE QUE DES INVENTIONS HUMANISTES ET GRATUITES EXISTENT ET QU'ELLES N'ONT PAS ÉTÉ DIFFUSÉES ? CE N'EST PAS UN PEU LA THÉORIE DU COMPLOT, ÇA ?

Appelez-la comme vous voulez. Cette théorie est bien pratique pour y ranger tout et n'importe quoi. Vous connaissez l'adage : diviser pour mieux régner, brouiller les pistes du savoir pour mieux dissimuler. Parfois, nous ressemblons à des mouches enveloppées dans un tissu d'âneries pour être mieux boulottées. Comment se repérer dans les informations, trier le vrai du faux, l'intox de l'information essentielle, vérifiée et fiable ? Là encore, nous avons fort à faire et nous nous devons chaque jour d'agir. Moins de télé, moins de média de masse, plus d'esprit critique, plus de journaux d'analyse indépendants et plus de réflexion. Apprenons à argumenter, à critiquer, à chercher et à vérifier les sources et les données. Souvenez-vous : nous sommes du temps de cerveau disponible. Nous sommes des oies que l'on gave, en nous assénant que non, les oies ne souffrent pas. Mais nous souffrons, nous aussi d'être gavés. Gavés de sucre, gavés de protéines animales, gavés de graisse, gavés de plats préparés, gavés d'informations souvent fausses, approximatives et qui s'avèrent toxiques.
Il a toujours existé des penseurs critiques, des textes courts et beaux invitant à la désobéissance civile, comme celui de Henry David Thoreau, vieux de cent cinquante ans. « Le gouvernement le meilleur est celui qui gouverne le moins » ouvre le texte anti-esclavagiste comme il nous ouvre l'appétit. Les personnes qui font avancer l'humanité, ce sont celles qui choisissent d'être plutôt que d'avoir.

Changez de moteur !

Pour favoriser les initiatives locales et limiter la pollution « dormante », préférez un moteur de recherche français. On connaît Qwant, moteur qui ne trace pas ses utilisateurs, on connaît moins Lilo, le moteur solidaire. À chaque requête effectuée via Lilo, l'utilisateur génère des « gouttes d'eau » qu'il peut reverser à l'association de son choix inscrite sur Lilo. La moitié des revenus publicitaires du moteur de recherche est reversée aux associations choisies. C'est l'occasion pour vous de financer des projets sociaux et environnementaux (comme l'association Food'Algues qui valorise les algues françaises – bretonnes – comme aliment de qualité).

ALORS, QU'EST-CE QU'ON FAIT CONCRÈTEMENT ?

On continue ce qu'on est en train de faire par-ci et par-là. On est de plus en plus nombreux et nombreuses à avoir lâché la corde, à construire une autre société, une société plus humaine, plus chaleureuse, faite d'échanges, de rencontres, une société où l'on peut redresser la tête, mieux se sentir, mieux se tenir en compagnie des autres. Nous avons été laissés pour compte et nous sommes partis, partis loin des partis, partis pour reconstruire un monde. Nous sommes la France des centres sociaux, celle des jardins partagés, des associations et des collectifs. La France des circuits courts, celle du bio local et des échanges de graines. Nous sommes dans les gymnases transformés en lieux associatifs, nous sommes dans les salles des fêtes, pour les journées de la gratuité, nous sommes autour d'un café à assembler des palettes et à réparer des vélos. Nous sommes ensemble autour d'une table à fabriquer nos petites potions naturelles, nous sommes la sixième République en marche vers plus de démocratie, plus d'échanges et de liens sociaux.

Consommons vert... le 100 % renouvelable

En quelques clics seulement, changez d'opérateur électrique pour promouvoir et utiliser une électricité propre et renouvelable (hydraulique, éolien, photovoltaïque et biomasse). Depuis 2009, la première coopérative Enercoop, née dans les Ardennes, propose aux particuliers et aux professionnels de l'énergie locale, grâce à des producteurs régionaux. Désormais, dix coopératives couvrent l'ensemble du territoire. Le coût est légèrement supérieur à un abonnement habituel chez EDF.

ON CONSTRUIT UNE AUTRE SOCIÉTÉ ?

Elle se construit déjà. Nous n'avons pas attendu qu'on nous le dise pour pratiquer le covoiturage, nous sommes prudent-e-s et responsables sur nos petites routes départementales. Inutile de nous limiter, nous savons le faire tout-e-s seul-e-s, nous ne sommes pas des enfants. Nous gérons mieux notre budget que les énarques celui de l'État. Où sont les milliards d'euros envolés d'Areva[1], ceux perdus de l'ISF, du Crédit Lyonnais, de la Société Générale, de la *Flat Tax*, de l'*Exit Tax*[2], de la vente des autoroutes et des aéroports français, du crédit d'impôt pour la compétitivité et l'emploi, de la baisse de la taxe sur les salaires des entreprises comme les banques et les fonds spéculatifs, du manque à

[1] *À ce propos, lire le roman édifiant de Vincent Crouzet aux premières loges dans l'affaire Uramin* Une affaire atomique : UraMin/Areva, l'hallucinante saga d'un scandale d'État, *Robert Laffont (2017) et les deux émissions de « Rendez-vous avec X » - Le scandale UraMin.*

[2] *La « Flat Tax » ou impôt à taux unique épargne (c'est le cas de le dire) les fortunes les plus grosses, étant un impôt à taux fixe. L'« Exit Tax », créée pour lutter contre l'évasion fiscale, concerne essentiellement les patrimoines importants. Son abandon pur et simple a été oublié ; en échange, elle a été largement allégée.*

gagner de la fraude fiscale et des niches[1] ? Et pourquoi continuer de payer grassement des ex-élus de la République, d'assurer leurs frais, d'accorder des privilèges à leur conjoint-e, leurs enfants, de leur payer des collaborateurs, du personnel, des voitures... Chaque année, des millions partent pour eux, rien que pour eux.

De l'eau de pluie dans son moteur ?

Diminuer la quantité d'essence dans un moteur devenu moins polluant semble possible en installant un kit pantone ou kit à eau. En Bretagne, plusieurs conducteurs satisfaits de leur montage s'en réjouissent sur Internet[2] tout en publiant leur montage. Il est même possible de faire équiper sa voiture[3]. Quant au moteur à hydrogène, connu depuis 1839, il faudra encore attendre qu'il s'améliore. Il existe chez Toyota, mais trop cher et les bornes de recharge manquent à l'appel. Découvrons aussi les Carports photovoltaïques qui permettent de recharger un véhicule électrique.

Pendant ce temps, c'est nous qui donnons des leçons de savoir-vivre sur cette planète. C'est nous qui ramassons les déchets sur les plages, qui trions, qui réduisons nos déchets et qui vidons les poubelles des trente affreuses. C'est nous qui nettoyons le monde souillé. Et que l'on ne nous parle pas des chasseurs, ces tueurs d'innocents blaireaux, ils ne représentent pas plus la ruralité que nous. Ils ne représentent qu'eux-mêmes, une minorité, un lobby de plus, un lobby puissant. Eux qui abîment la nature en laissant des milliers de cartouches polluer la terre pour des centaines d'années, eux qui tirent à vue sur des animaux qu'ils n'ont même pas besoin de manger, eux qui se croient encore au temps des seigneurs et des chasses à courre.

Nous ne sommes pas la périphérie, nous ne sommes pas de l'autre côté d'une barrière d'automobiles, nous ne sommes pas des vassaux d'un Robin des Rois qui n'a que la taxe aux lèvres tandis que des banques organisent des évasions fiscales. Nous sommes la France des gens conscients du monde, conscients et lettrés, n'en déplaise aux élites qui s'approprient la culture, les postes et qui pillent la

[1] *Pour s'en convaincre, lire* Le Président des ultra-riches, *Michel Pinçon et Monique Pinçon-Charlot, Editions Zones, 2019.*

[2] *https://vivredemain.fr/2016/11/25/moteur-a-eau-fonctionnement/ et http://www.moteurpantone.net/vente.htm*

[3] *https://hybrideaeau.fr/*

République qu'ils devraient servir – plutôt que de s'en servir. Eux qui prennent réellement « un pognon de dingue », eux qui ont oublié leur devoir sacré envers la nation, eux qui, heureux de se retrouver entre eux, se servent dans les caisses qu'ils devraient remplir plutôt que dévaster. Eux qui, hypnotisés par les paillettes et le luxe du privé, s'y pantouflent sans vergogne et sans prendre aucun risque jamais, tandis que des enseignants, des auxiliaires de vie, des agents, des employés s'épuisent au travail et finissent pauvres et cabossés par la vie professionnelle. Tandis que des « pauvres gens » cherchent désespérément leur place dans cette société de l'exclusion, tandis qu'aux ronds-points la chaleur se fait sentir et la solidarité, bien précieux qui peut faire trembler en haut lieu. Les médias s'indignent devant les vitrines brisées, remarquent-ils toutes ces vies brisées, là sur le pavé, ramassées sous une couverture ou sous un carton ? Qui les a piétinées ? De quel licenciement sont-elles le rejet ? Quels échecs les ont conduits là, au pied d'un restaurant chic récemment brûlé ? Ne voient-ils pas le lien entre ceux qui s'y pavanaient et ces vies réduites en cendres par la course à l'argent.

Découvrez l'association Roule Ma Frite.

Comment concilier l'huile de friture consommée chaque année (170 millions en France), son recyclage local et diminuer l'utilisation des énergies fossiles ? Créée en 2007, l'association Roule Ma Frite, installée à Oléron, récupère, recycle et transforme les huiles de friture usagées des professionnels. L'huile est ensuite purifiée et intégrée dans de nouveaux produits. Elle devient alors une matière première de seconde génération.
https://www.roulemafrite17.org/

Nous sommes la France qui se lève tôt pour nettoyer les bureaux. Nous sommes la France de l'abstention, celle des bulletins blancs qui finissent enfin par compter, nous sommes les révolté-e-s du capitalisme broyeur et vorace, nous qui refusons la consommation à outrance, les objets inutiles et la croissance qui dévaste le monde. Nous sommes les amis de la planète, des plantes et des animaux, nous sommes les enfants des quartiers pauvres, des petits villages et des chemins creux. Nous sommes ceux et celles qui n'en peuvent plus de ces lumières aveuglantes, qui sommes essoufflé-e-s et fatigué-e-s de la dureté du monde que l'on subit. Soyons nous-mêmes et ne soyons pas ce que d'autres veulent que l'on soit. Suivons le conseil de Sénèque à son ami

Paulinus : « Rentre en possession de toi-même grâce à des activités plus tranquilles, plus sûres, plus nobles ![1] »
Qu'on nous laisse dans nos campagnes, dans nos villages, dans nos petites villes de province. Nous nous organisons, nous construisons un autre monde, fait de bric et de broc, d'ateliers d'entraide, d'échange de savoir, de bricolages, de fab-lab, de troc et de monnaies locales, de composteurs et de lombrics. Nous ne sommes pas des illettrés, les chômeurs ne sont pas des « déconneurs[2] » ni des « fainéants ». S'il suffisait de traverser la rue pour trouver un travail, encore faudrait-il que la dignité soit au rendez-vous, la dignité et le respect. Nous voulons un monde plus humain, un monde plus sain, nous voulons la beauté du monde. Nous voulons voir fleurir partout des coquelicots et voler les abeilles. Nous voulons des vergers bio, plus de champs fleuris, des plages propres et des liens sociaux. Nous voulons prendre le temps de rêver devant les nuages, les merveilleux nuages…

Tout doux les Doudous

Née au CHU de Rennes en 2011, après qu'une infirmière-anesthésiste soit rentrée chez elle perturbée par les cris des enfants opérés, l'association « Les P'tits Doudous de l'Hôpital Sud » s'est donnée comme mission d'offrir des objets rassurants aux enfants (des doudous, une application pédagogique…) pour diminuer leur anxiété et celle de leurs parents. Pour financer l'ensemble, l'équipe médicale s'est lancée dans le recyclage des fils de bistouris électriques en cuivre à usage unique et des lames de laryngoscope composées d'inox. Aujourd'hui, c'est plus de 50 associations locales en France regroupées dans le réseau des « P'tits Doudous ».
https://www.lesptitsdoudous.org

C'EST UN RAPPROCHEMENT DE LA NATURE QUE TU NOUS PROPOSES ?

Oui, c'est ça, mais c'est bien plus que ça. Nous devons redécouvrir la Nature pour mieux s'en imprégner, mieux la protéger et retrouver l'harmonie entre elle et chacun de nous. Savoir regarder le vol des oiseaux, s'émerveiller devant un papillon, rêver devant la forme des nuages, se surprendre à se perdre pour mieux se retrouver, observer

[1] De la brièveté de la vie, *Sénèque*.

[2] *Les blogs du « Diplo », Chômeurs et « déconneurs » quand Emmanuel Macron s'inspire de Ken Loach, 18 janvier 2019.*

la forme de nos pas dans le sable. La vie se niche dans une fourmi qui transporte sa charge, dans le vol du bourdon, dans les feuilles orangées de l'automne. Et l'amour bien sûr, se sentir bien en soi, aimer et protéger nos proches, se satisfaire des instants de bonheur, découvrir les autres, se découvrir soi-même. Dans ce monde trop matérialiste, c'est une forme de spiritualité qui nous aidera.

La nature près de chez soi

À Toulouse, l'huile de coude sert de désherbant. Paillage, plantes couvre-sol et herbes rebelles verdissent la ville rose. Trente-six mille communes en France et dix-sept millions de jardiniers doivent reprendre binette et serfouette pour éviter les produits toxiques.

PLUS DE SPIRITUALITÉ ?

Oui. Je parle du lien que nous sommes entre la terre et le ciel. Ce lien n'est pas matériel, il est spirituel. Pas religieux, spirituel. Une laïcité panthéiste ou un athéisme qui s'émerveille devant un brin d'herbe et qui, comme Victor Hugo, découvre que « L'esprit humain, c'est l'infini possible. Les chefs-d'œuvre, ces mondes, y éclosent sans cesse et y durent à jamais.[1] » Il est temps de vivre le bonheur, une forme de repos, de tranquillité de l'âme, pour reprendre Sénèque. Posséder, avoir, collectionner, quel sens donner à tout cela ? Les biens matériels consolent de la vie parfois, mais cela ne suffit pas. C'est à nous de faire changer le monde avant qu'il ne nous change. Rendons-le plus beau, plus juste et plus humain. Ce sera ça notre Révolution Quotidienne.

Un retour à la terre ?

À Washington, il est possible de choisir de finir en humus. La Belgique se penche sur le sujet. En optant pour « l'humusation », on évite ainsi les crémations et inhumations très polluantes. Ce retour à la terre, tardif, possède de nombreux avantages écologiques : pas de pollution des nappes phréatiques par la cadavérine, la putrescine, les résidus de médicaments, les pesticides ou les perturbateurs endocriniens, pas de rejets toxiques dans l'atmosphère, ni dans les égouts, pas de consommation déraisonnée d'énergie fossile, sans compter les économies de boîtes. Des micro-organismes transforment le corps posé dans un mélange végétal. Un an plus tard, miracle, l'humus sain et fertile est prêt, disponible pour la famille. Alors, soyons « terre à terre » et préparons-nous au compostage.

[1] William Shakespeare, *Victor Hugo, 1864.*

TEST

FAITES-VOUS CHANGER LE MONDE ? ENTOUREZ LES PHRASES QUI VOUS CONCERNENT ET LISEZ LES RÉSULTATS PAGE SUIVANTE.[1]

1. J'ai collé un Stop Pub sur ma boîte aux lettres.

2. J'utilise un panier pour faire mes courses.

3. J'achète des objets d'occasion ou je loue du matériel plutôt que de l'acheter.

4. Je donne les objets qui ne me servent plus.

5. J'ai commencé un compost.

6. Je ne jette quasiment jamais de nourriture.

7. J'achète du vrac.

8. Je parviens à trier mes déchets.

9. Je fabrique ma lessive (ou un produit ménager) ou je pense bientôt le faire.

10. Je covoiture régulièrement ou je me suis mis-e au vélo.

[1] *Ce test s'inspire d'une animation proposée à Quimper pour la semaine européenne de réduction de déchets par les Héros du Zéro.*

Vous avez entouré plus de 4 phrases

Ok c'est bien, c'est même très bien, mais n'en profitez pas pour vous pavaner, surtout si vous avez coché toutes les phrases. Ayez en tête que humus et l'humilité ont la même racine.

Vous avez entouré une, deux ou trois phrases.

Courage, finalement ce n'est pas si compliqué de commencer le changement. Non, ne cherchez pas d'excuses pour les autres phrases, c'est déjà bien.

Vous n'avez entouré aucune phrase.

Aïe. Ce livre est peut-être un cadeau que l'on vous a fait pour faire passer un message. Comme je comprends la personne qui vous l'a offert... Elle semble très optimiste. Ne la décevez pas.

PETITE HISTOIRE DE L'OUVRAGE

L'histoire de cet ouvrage débute au sous-sol de chez Larousse, en décembre 2017. Ce jour-là, j'étais venue présenter *Fabriquer sa lessive, son dentifrice*... aux commerciaux, lors de leur séminaire. Emportée par mon discours comme je le suis souvent, je leur ai parlé, non pas du livre, mais des ateliers que j'anime en Bretagne et ailleurs et de l'impact qu'ils ont sur les participant-e-s. Plusieurs communes utilisent désormais des produits naturels et de plus en plus de personnes fabriquent désormais leurs produits.
À la fin de cette présentation, l'équipe, enthousiasmée, m'a qualifiée de « militante ». J'ai alors compris que ce mot n'était plus péjoratif. Quelques-un-e-s m'ont encouragée à écrire un plaidoyer, ce que je fis quelques jours plus tard. Je profite de cette courte histoire pour les remercier chaleureusement et pour saluer l'enthousiasme de Liza Person et d'Aurélie Starckmann. Initialement intitulé *Réveillez-vous*, le texte prit la poussière quelques mois sur différents bureaux. Je reçus même un étrange coup de téléphone, d'un étrange éditeur qui se permit depuis son bureau parisien de me donner des leçons d'écologie... quel monde décidément étrange.
En juin de l'année suivante, je fus contactée par l'équipe TEDx de Lannion comme oratrice[1]. J'ai alors repris le texte initial pour le couper, le trancher et le parfumer avec des paillettes de savon : faire sa lessive m'a semblé emblématique du changement. J'ai tiré sur le fil du discours qui est venu tout seul : en faisant ses produits, on devient plus libre, on marche vers plus d'égalité et donc plus de fraternité. Entretemps, une partie du monde libre s'était réveillée aux ronds-points. Le titre

[1] *Visible sur https://www.youtube.com/watch?v=5BGfq7Oij01&feature=youtu.be*

tombait comme un fruit mûr, il me fallait en trouver un autre. C'est à la faveur d'un documentaire sur Emmanuel Macron[1] qu'il est arrivé sans crier gare. J'appris que la feuille de route du candidat aux élections présidentielles comportait quelques contraintes : un nom court portant ses initiales. Ses initiales, rien que ça ! Cette idée m'a alors trotté dans la tête. Côté initiales, on ne peut pas dire que j'ai été bien servie. Que donnerait un mouvement qui porterait mes initiales, ai-je pensé le lendemain ? Ratatouille, quiche ? Rien de folichon. Finalement, je crois me souvenir que le mot *Révolution* est arrivé assez vite. Quant à l'adjectif *Quotidienne*, il m'est apparu comme une évidence en regardant… un bidon de lessive.
Et vous, lecteur, lectrice, que donnerait un nom de mouvement qui porterait vos initiales ?

[1] *« Emmanuel Macron le Dynamiteur » : enquête sur la prise du pouvoir du Président, une enquête de David Doukhan, 2018.*

DE LA MÊME AUTEURE

Fabriquer ses produits de beauté & santé, Larousse, 2019.
Les super-pouvoirs des algues, Larousse, 2019.
Fabriquer sa lessive, son dentifrice, son shampoing..., Larousse, 2018.
Algues gourmandes, co-écrit avec Catherine Le Joncour, Flammarion, 2017.
L'écologie est un jeu, Librio, 2010.
La science est un jeu, Librio, 2011.
Les méthodes de lecture expliquées aux parents, Librio, 2007.

Roman
Les douze vies d'Anna, Flammarion, 2019.

DIRECTION DE LA PUBLICATION
Isabelle Jeuge-Maynart et Ghislaine Stora

DIRECTION ÉDITORIALE
Aurélie Starckmann

ÉDITION
Liza Person-Lisiecki

CONCEPTION GRAPHIQUE
Bastien Gélas

MISE EN PAGES
Aurélie Prissette

COUVERTURE
François Lamidon

FABRICATION
Émilie Latour

Les Éditions Larousse utilisent des papiers composés de fibres naturelles, renouvelables, recyclables et fabriquées à partir de bois issus de forêts qui adoptent un système d'aménagement durable. En outre, les Éditions Larousse attendent de leurs fournisseurs de papier qu'ils s'inscrivent dans une démarche de certification environnementale reconnue.

Imprimé en France par Jouve
Dépôt légal : septembre 2019
323642/01– 11041044– août 2019
N° d'impression : 2885565L

ISBN : 978-2-03-596846-3